Llyfrau ⏤⏤⏤⏤⏤⏤⏤⏤⏤⏤

Llyfrau Darllen Newydd

LLYFR 1

T. LLEW JONES

Argraffiad newydd—1994
Ail argraffiad—1995
Trydydd argraffiad—2000

ISBN 1 85902 084 4

ⓗ T. Llew Jones

Argraffwyd gan
Gwasg Gomer, Llandysul, Ceredigion, Cymru

CYNNWYS

Y FORWYN A'R LLYGODEN

Dyma i chi stori am lygoden o'r enw Bitw.

Cafodd ei galw'n Bitw am mai hi oedd y llygoden leiaf yn y byd. Roedd Bitw'n byw ar fferm fawr o'r enw Tan-y-bryn. Ond ni wyddai'r ffermwr na'i wraig, na'r gwas na'r forwyn ei bod hi yno. Ond sut hynny, meddech chi?

Wel, am fod Bitw mor ddistaw, a'r twll oedd ganddi yn y wal mor fychan—dyna sut.

Nawr, pe bai Bitw wedi aros yn ddistaw yn y twll bach cul hwnnw yn y wal, fyddech chi ddim yn darllen amdani heddiw.

Ond un diwrnod fe ddywedodd Bitw wrthi ei hunan,

7

'Rwy'n mynd allan o'r twll yma. Rwy i am weld y byd.'

Ac allan â hi. Nid allan drwy'r drws ffrynt i gegin y fferm yr aeth hi, ond allan drwy'r drws cefn i'r buarth.

Doedd hi erioed wedi bod allan yn yr awyr agored o'r blaen. Gwelodd lawer o bethau rhyfedd.

Gwelodd y coed yn siglo yn y gwynt a'r cymylau'n symud drwy'r awyr.

Gwelodd yr haul yn codi fel pelen o dân, a chlywodd yr adar yn dechrau canu.

'Dyna le mawr, braf yw'r byd,' meddai Bitw. Druan ohoni! Wyddai hi ddim fod y byd yn llawer iawn mwy na buarth Tan-y-bryn. Wyddai hi ddim fod caeau mawr yr ochr draw i'r buarth, a bryniau a mynyddoedd mawr iawn y tu hwnt i'r caeau, a môr glas, llydan y tu draw i'r mynyddoedd wedyn.

Yn sydyn, daeth arogl hyfryd iawn i ffroenau Bitw.

'Bwyd!' meddai hi. Ac i ffwrdd â hi ar draws y buarth, gan ddilyn ei thrwyn.

Roedd Bitw'n lwcus ei bod hi wedi dod allan o'r twll yn y bore bach, cyn i neb ar y fferm ddihuno, neu byddai'r ffermwr neu'r gwas neu'r ci wedi ei gweld yn rhedeg ar draws y buarth.

Ond gan fod pawb yn cysgu'n drwm, welodd neb mohoni.

'O'r fan yma mae'r arogl hyfryd yn dod,' meddai hi.

Roedd hi'n sefyll o flaen twlc y mochyn, er na wyddai hi mo hynny.

Aeth i mewn o dan y drws. Cysgai'r mochyn yn drwm. Gwyddai Bitw ei fod yn cysgu am ei fod yn chwyrnu nes crynu llawr y twlc.

Yng nghornel y twlc roedd cafn y mochyn, ac aeth Bitw tuag ato. Ond doedd dim bwyd yn y cafn. Roedd yr hen fochyn wedi bwyta popeth ond yr arogl!

Yna meddyliodd Bitw ei bod yn clywed sŵn heblaw sŵn y mochyn yn chwyrnu. O gyfeiriad y tŷ y deuai'r sŵn, a meddyliodd y llygoden fach ei bod yn bryd iddi feddwl am fynd yn ôl i'r twll yn y wal.

Aeth allan i'r buarth unwaith eto.

Y funud honno agorodd drws cefn y tŷ a daeth y forwyn allan â bwced mawr yn ei llaw.

Dechreuodd y forwyn gerdded ar draws y buarth at y twlc. Ni wyddai Bitw beth i'w wneud. A fyddai'n well iddi ymguddio y tu ôl i ddrws y twlc? Neu a allai hi redeg ar draws y buarth at y twll yn y wal heb i'r forwyn ei gweld?

Yn sydyn, penderfynodd ei bod yn mynd i groesi'r buarth tuag at ei chartref.

Yn awr, roedd y forwyn yn cerdded tuag at Bitw, a Bitw'n cerdded tuag at y forwyn!

9

Pan oedd ar ganol y buarth, gwelodd y forwyn y llygoden. Cyn mynd ymhellach, fe ddylwn ddweud bod ofn llygod bach ar y forwyn yma. Roedd hi'n hoffi defaid, cŵn a gwartheg. Roedd hi'n weddol hoff o'r mochyn, hyd yn oed. Ond am lygod, byddai ei chalon yn curo wrth feddwl amdanyn nhw.

Pan welodd Bitw'n dod yn ddewr tuag ati, rhoddodd sgrech uchel dros y lle i gyd. Cwympodd y bwced o'i llaw a rhedodd bwyd y mochyn ar hyd y buarth fel afon. Wedyn dechreuodd y forwyn redeg gan weiddi, 'HELP! HELP!'

Ond wrth redeg fe gollodd ei chlocsen a chwympo yn ei hyd ar y llawr.

Os oedd y forwyn wedi cael ofn Bitw, roedd Bitw wedi cael ofn y forwyn hefyd. Ni wyddai beth i'w wneud, druan. Safai ar ganol y buarth yn rhy ofnus i symud. Yna gwelodd y glocsen.

Rhedodd tuag ati ac aeth i mewn iddi i ymguddio.

Cyn bo hir cododd y forwyn ar ei thraed.

Edrychodd o gwmpas, ond doedd dim sôn am y llygoden yn unman.

'Diolch byth,' meddai, 'mae hi wedi mynd.'

Aeth at ei chlocsen, a gwthiodd ei throed i mewn iddi.

Ond roedd Bitw ym mlaen y glocsen. Gallwch ddychmygu beth a ddigwyddodd wedyn!

Pan deimlodd y forwyn rywbeth byw yn symud ym mlaen y glocsen, fe dynnodd ei throed allan a rhoddodd un sgrech fawr eto.

Y tro hwn fe redodd yn syth am y tŷ, heb yr un glocsen am ei thraed. Clywodd Bitw'r drws yn cau a llais y forwyn yn gweiddi y tu mewn i'r tŷ.

Dyma gyfle iddi ddianc! Daeth allan o'r glocsen a rhedeg nerth ei thraed am y twll yn y wal. Cyrhaeddodd y twll yn ddiogel ac aeth i mewn.

Ac ni fu awydd ar Bitw i fynd i weld y byd byth wedyn.

ŶCH CHI'N COFIO?

1. Beth oedd enw'r fferm lle'r oedd Bitw'n byw?
2. Faint o bobol oedd yn byw yno?
3. Pam na wyddai neb fod Bitw yn byw yn y wal?
4. Beth oedd yn siglo'r coed ac yn gwneud i'r cymylau symud?
5. O ble roedd yr arogl hyfryd yn dod?
6. Beth oedd y mochyn yn ei wneud?
7. Beth oedd yng nghornel y twlc?
8. Beth oedd gan y forwyn am ei thraed?
9. Beth oedd ganddi yn ei llaw?
10. Beth wnaeth Bitw pan aeth y forwyn yn ôl i'r tŷ?

A FEDRWCH ATEB?

1. Mae'r mochyn yn byw yn y twlc. Ble mae'r rhain yn byw?
    (a) y fuwch (b) y ceffyl (c) y ddafad
    (ch) y wenynen.

    Rhowch y geiriau hyn yn y bylchau: drwm, bach, glas, cul, hyfryd, ofnus, uchel.

2. Mae llwybr _____ yn arwain at y tŷ.
3. Gan fod y mochyn yn chwyrnu, gwyddai'r llygoden ei fod yn cysgu'n _____.
4. Deuai arogl _____ iawn o'r gegin.
5. Gwelais long yn hwylio ar y môr _____.
6. Cododd y bachgen yn y bore _____.
7. Creadur bach ____ iawn yw'r llygoden.
8. Clywais sŵn _____ yn dod o'r coed.
9. Edrychwch ar y rhain. Meistres _____ morwyn, meistr _____?
10. Bitw oedd y llygoden leiaf yn y byd. Beth yw enw'r aderyn lleiaf yn ein gwlad ni?

Dyma rai geiriau anodd o'r stori. A fedrwch chi wneud brawddegau a'r geiriau hyn ynddyn nhw?

   buarth, arogl, cafn, ymguddio, dianc, cyfle, diogel, awyr, llydan, ffroenau.

Y LLYGODEN A'R GATH

Llygoden fach lwyd yn byw yn y wal,
A'r hen gath felen yn ceisio ei dal.
Bu Pwsi'n gwylio'r twll drwy'r prynhawn,
A'r llygoden yn cwato yn ddistaw iawn.
Ond pan oedd Pws wedi blino'n lân
Ac yn cysgu'n dawel o flaen y tân,
A'r tŷ yn dywyll a'r drws ynghlo,
Fe ddaeth y llygoden allan am dro.
Mae'n cerdded yn ddistaw o dan y bwrdd,
Mae'n gwrando! Yn barod i redeg i ffwrdd!
Mae'n chwilio am friwsion mân ar y llawr,
Ond O! Mae Pws wedi deffro nawr!
Mae'n rhedeg fel gwynt am y twll yn y wal!
Ond neidiodd yr hen gath felen—a'i dal!
A dyna oedd diwedd y llygoden fach lwyd,
A ddaeth allan i'r gegin i chwilio am fwyd.

13

MI GLYWAIS AR Y BUARTH

Pwy sy'n siarad bob tro?

Meddai'r _____ 'Pan fyddaf yn fawr,
Cewch glywed fy ngharnau yn taro'r llawr.'

Meddai'r _____ 'Pan fyddaf yn fwy
Mi fyddaf yn siŵr o ddodwy ŵy.'

Meddai'r _____ 'Pan dyfaf yn uwch
Bydd pobl yn dweud mai myfi yw'r fuwch.'

Meddai'r _____ 'Pan fyddaf yn dal
Fe ganaf bob bore ar ben y wal.'

Meddai'r ____ ''Rôl tyfu'n fawr mi roddaf fi
Ddefnydd da i wneud dillad i chi.'

Ac meddai'r _____ 'Pan ddof i oed
Mi fyddaf yn ddiogel iawn ar fy nhroed.'

YN Y BWS

Enw'r bachgen sy'n eistedd yn ymyl y ddynes fawr dew yn y bws oedd Sam. Roedd Sam ar ei ffordd i'r ysgol.

Doedd e ddim yn arfer mynd gyda'r bws i'r ysgol. Ond y bore yma roedd hi'n arllwys y glaw pan gododd Sam o'i wely. Pan ddaeth i lawr i'r gegin i gael ei frecwast, dywedodd ei fam wrtho y byddai'n rhaid iddo adael ei feic gartref, a mynd i'r ysgol ar y bws.

Am ddeng munud i naw cerddodd Sam allan o'r tŷ ac i lawr i waelod y lôn i gwrdd â'r bws.

15

Cyn bo hir gwelodd e'n dod i'r golwg heibio i'r tro.

Pan aeth Sam i mewn i'r bws, gwelodd ei fod yn llawn o bobol mewn oed yn mynd at eu gwaith.

Ond sylwodd fod ynddo un sedd wag, ac eisteddodd ar honno. Yna canodd y gloch ac aeth y bws ar ei daith.

Edrychodd Sam allan drwy'r ffenest ar y glaw. Gwelodd y dŵr llwyd yn llifo o'r heol i'r gwter. Yn awr ac yn y man gwelais ddynion a merched yn cerdded drwy'r glaw. Roedd gan bob un bron ymbarél a chot law, ac roedd pob un yn brysio.

Y tu mewn i'r bws siaradai pawb am y tywydd garw.

Yna stopiodd y bws a daeth dynes dew, wlyb i mewn. Edrychodd o gwmpas, a phan welodd fod lle i eistedd yn ymyl Sam, aeth yn union tuag ato, ac eistedd i lawr.

Doedd dim gwahaniaeth gan Sam ar y dechrau. Wedi'r cyfan roedd lle i ddau ar y sedd.

Ond cyn bo hir gwelodd fod y wraig fawr dew yn mynd â mwy o lawer na hanner y sedd. Yn wir, cafodd Sam ei wasgu yn erbyn ochr y bws, a dechreuodd deimlo'n anghysurus iawn. Doedd ganddo ddim lle i droi na symud dim. Yn wir, prin fod ganddo ddigon o le i anadlu.

16

Cyn bo hir daeth y bws i olwg yr ysgol, a stopio.

Roedd rhai plant eraill ar y bws, a phan welodd y rheini'n mynd allan, gofynnodd Sam i'r wraig fawr, dew, 'A ga i fynd allan, os gwelwch chi'n dda?'

Ni chymerodd y wraig unrhyw sylw, dim ond eistedd ac edrych yn syth o'i blaen.

Cododd Sam ei lais.

'A ga i fynd allan, os gwelwch chi'n dda?'

Dim ateb.

Aeth y bws ymlaen ar ei daith. Cydiodd Sam ym mraich y ddynes dew. Trodd ato o'r diwedd.

'Beth sy'?' gofynnodd.

'Rwy am fynd allan, os gwelwch chi'n dda,' meddai Sam wedyn.

'O'r gorau,' meddai, yn ddigon caredig. 'Mae'n ddrwg gen i, rwy dipyn yn drwm fy nghlyw.'

Symudodd, ac aeth Sam heibio iddi. Ond roedd y bws wedi mynd yn go bell erbyn hyn.

Pan stopiodd y bws daeth yntau allan a dechrau cerdded yn ôl drwy'r glaw i gyfeiriad yr ysgol.

Roedd hi'n bwrw'n waeth fyth erbyn hyn. Ond gwyddai Sam fod rhaid mynd trwyddo.

Pan gyrhaeddodd yr ysgol o'r diwedd, roedd y plant wedi mynd i mewn.

'Wel, Sam,' meddai'r athro'n swta, 'beth yw ystyr hyn?'

Dywedodd y bachgen y stori i gyd wrtho, a chyn iddo orffen yr hanes rhyfedd roedd yr athro'n chwerthin yn braf.

'Yn wir,' meddai, 'rwy'n meddwl y bydd yn well i chi ddod i'r ysgol ar gefn eich beic o hyn allan.'

Cytunai Sam yn llwyr ag e, er na ddywedodd yr un gair.

ŶCH CHI'N COFIO?

1. Pam nad aeth Sam i'r ysgol ar gefn ei feic?
2. I ble yr aeth Sam i gwrdd â'r bws?
3. I ble roedd y bobl yn y bws yn mynd?
4. Sawl sedd wag oedd ynddo?
5. Pam roedd pawb a welai Sam drwy'r ffenest, yn brysio?
6. Sut un oedd y ddynes a eisteddodd yn ei ymyl?
7. Pam y dechreuodd Sam deimlo'n anesmwyth?
8. Pwy aeth allan o'r bws yn ymyl yr ysgol?
9. Ble yr aeth Sam allan o'r bws?
10. Beth wnaeth yr athro pan glywodd yr hanes?

A FEDRWCH ATEB?

1. Sawl olwyn sydd i feic?
2. Sawl olwyn sydd i fws?
3. Sawl olwyn sydd i ferfa (whilber)?
4. Ym mha fodd y mae bws yn well na beic?
5. Pa sŵn a glywch chi cyn i'r bws gychwyn?
6. A wyddoch chi am ffordd arall i deithio heblaw ar feic, mewn car neu mewn bws?
7. Sut yr aeth Iesu Grist, Mair a Joseff ar daith i'r Aifft?
8. Beth sydd gan yr Esgimo i deithio o le i le?
9. Mewn beth y byddech chi'n teithio pe byddech chi am fynd i America?
10. P'un yw'r ffordd gyflymaf i deithio o le i le?

Y TAIR GAFR

Un tro porai tair gafr mewn cae bychan ar lan afon.

Roedd un o'r geifr yn fach, fach. Roedd yr ail dipyn yn fwy a'r drydedd yn afr fawr, fawr.

Doedd dim llawer o borfa yn y cae bychan a dechreuodd y geifr deimlo eisiau bwyd.

Yr ochr arall i'r afon fe allen nhw weld cae mawr glas yn llawn o borfa, ac meddai'r afr fach, fach, 'Fe hoffwn i groesi'r afon i'r cae mawr acw.'

Ac meddai'r ail afr, 'Mae digon o borfa yn y cae yna i gant o eifr.'

Ac meddai'r afr fawr, fawr, 'Mae'r borfa las

20

yn y cae yr ochr draw i'r afon yn tynnu dŵr o 'nannedd i.'

'Sut y gallwn ni groesi'r afon?' gofynnodd yr afr fach, fach.

'Fe wn i,' meddai'r ail afr, 'mae 'na bont fan acw. Os awn ni dros y bont fe ddown i'r cae glas yr ochr arall i'r afon.'

'Na,' meddai'r afr fawr, fawr, 'gwell i ni beidio â chroesi'r afon rhag ofn i ryw niwed ddigwydd i ni.'

'Twt!' meddai'r afr fach, fach, 'Rwy i wedi blino ar yr hen gae yma. Does yma ddim porfa yn unman. Mae eisiau bwyd arna i. Rwy'n mynd i groesi'r afon.'

Ac i ffwrdd â hi i lawr at y bont.

Ni wyddai'r afr fach, fach fod hen gawr mawr creulon yn byw yn ymyl y bont yr ochr draw i'r afon.

Daeth yr afr fach, fach at y bont a dechrau rhedeg drosti. 'Tripiti, tripiti, trip, trip, trip.'

Roedd yr afr fach, fach bron â chyrraedd pen draw'r bont pan glywodd lais mawr yn gweiddi, 'Aros!'

Safodd yr afr fach, fach a gwelodd y cawr mwyaf hyll a welwyd erioed. Roedd ganddo drwyn hir, cam a dannedd mawr, melyn.

'Ble'r wyt ti'n mynd, afr fach?' gofynnodd y cawr, gan wenu'n greulon.

'Rwy'n mynd i bori i'r cae glas yr ochr arall i'r afon,' atebodd yr afr fach, fach.

21

'Ho! Ho!' chwarddodd y cawr, 'O na, chei di ddim mynd i bori i'r cae glas. Fe gei fod yn ginio i mi!'

Roedd yr afr fach, fach yn crynu gan ofn ond dywedodd wrth y cawr, 'Rwy i'n rhy fach i wneud cinio da i gawr mawr fel chi. Pe baech yn fy mwyta i, byddai llawn cymaint o eisiau bwyd arnoch chi wedyn. Bydd gafr arall, fwy na mi yn dod dros y bont cyn bo hir. Gwell i chi aros i chi gael ei bwyta hi.'

Edrychodd y cawr a gwelodd yr ail afr yn dod at y bont.

'O'r gorau, fe gei di fynd,' meddai wrth yr afr fach, fach. Aeth honno nerth ei thraed i bori yn y cae glas.

Yna dechreuodd yr ail afr redeg dros y bont.

'Trapiti, trapiti, trap, trap, trap.'

'Aros!' meddai'r cawr, 'Rwy am dy fwyta di!'

'O na,' meddai'r ail afr, 'peidiwch â 'mwyta i. Mae gafr fwy na fi o lawer yn dod cyn bo hir. Fe fydd hi'n ginio ardderchog i chi.'

Edrychodd y cawr a gwelodd yr afr fawr, fawr yn dod at y bont. 'O'r gorau, fe gei di fynd,' meddai.

Rhedodd yr ail afr nerth ei thraed i bori gyda'r afr fach, fach yn y cae glas.

Yna dechreuodd yr afr fawr, fawr redeg dros y bont.

'Trompiti, trompiti, tromp, tromp, tromp.'

'Aros!' gwaeddodd y cawr, 'Rwy'n mynd i dy fwyta di.'

Ond yn lle aros, rhuthrodd yr afr fawr, fawr at y cawr gan ei dopi mor ofnadwy nes iddo gwympo dros y bont i'r afon. A dyna'r cip olaf a welwyd o'r cawr hwnnw.

Cyn bo hir roedd yr afr fach, fach, yr afr fwy a'r afr fawr, fawr yn pori'n hapus yn y cae glas y tu draw i'r afon.

ŶCH CHI'N COFIO?

1. Ble'r oedd y cae glas?
2. Sut y gallai'r geifr groesi'r afon?
3. Digon o borfa i faint o eifr oedd yn y cae glas?
4. P'un o'r geifr oedd y gyntaf i fynd dros y bont?
5. P'un o'r geifr oedd yr olaf i groesi'r afon?
6. Beth oedd y cawr am wneud â'r afr fach?
7. P'un o'r geifr oedd yn gwneud sŵn 'tripiti, tripiti, trip, trip, trip', wrth fynd dros y bont?
8. P'un o'r geifr oedd am aros yr ochr yma i'r afon?
9. Beth ddigwyddodd i'r cawr yn y diwedd?
10. Sut roedd y tair gafr yn teimlo ar ôl cyrraedd y cae glas?

WIL AFALAU

Un tro roedd hen ŵr o'r enw Wiliam Siôn yn
byw mewn bwthyn bach ynghanol y wlad. Hen
ŵr caredig iawn oedd Wiliam Siôn, a byddai
bob amser yn barod i helpu pobol eraill.

Er ei fod yn hen, roedd yn weithiwr da, a
byddai'n mynd o gwmpas y ffermydd i helpu'r
ffermwyr pan fyddai'n brysur iawn arnyn
nhw.

Un noson eisteddai Wiliam Siôn ar hen fainc
y tu allan i'r bwthyn, yn gwylio'r haul yn
mynd i lawr. Roedd ganddo afal mawr coch yn

24

ei law a dechreuodd fwyta. Wrth fwyta dechreuodd feddwl sut y gallai wneud pobol yn fwy hapus.

'Pe bai gen i ddigon o arian,' meddai, 'gallwn brynu pethau i'r rhai sy'n rhy dlawd i brynu dim eu hunain. Ond does gen i ddim arian o gwbwl!'

Bwytaodd ddarn arall o'r afal ac ochneidiodd yn drist.

Ymhen tipyn doedd dim ar ôl o'r afal ond y galon.

Edrychodd yr hen Wiliam Siôn yn hir ar galon yr afal. Yna daeth syniad rhyfedd i'w ben, a dechreuodd wenu.

Yn lle taflu'r galon fe'i rhoddodd yn ei boced, ac ar ôl mynd i'r tŷ'r noson honno fe'i rhoddodd mewn hen gist dderw, fawr oedd ganddo o dan y gwely.

Yna digwyddodd peth rhyfedd iawn. Bob tro yr âi'r hen ŵr i weithio i'r ffermydd o hynny ymlaen, gofynnai am gael ei dalu—nid mewn arian—ond mewn afalau!

Ni allai'r ffermwyr ddeall hyn o gwbwl a dywedai rhai fod yr hen Wiliam Siôn yn dechrau drysu, druan. Yn awr, er mwyn gwneud tipyn o sbort am ei ben, galwai rhai yr hen ŵr yn 'Wil Afalau'.

Ond ni rwystrodd hyn Wiliam Siôn. Ar ôl cael basgedaid o afalau am weithio âi â nhw adref i'r bwthyn, ac ar ôl eu bwyta, fe daflai'r calonnau i gyd i'r hen gist dderw o dan y gwely.

Cyn bo hir roedd y gist yn llawn.

Yna, un diwrnod, gwelwyd yr hen Wiliam Siôn yn dod allan o'r bwthyn â sach fawr ar ei gefn. Ar ôl cloi'r drws aeth ymaith, â ffon drwchus yn ei law.

Wedi mynd am rai milltiroedd, arhosodd ar fin y ffordd. Gosododd y sach fawr yn y clawdd a thynnu allan ohoni galon afal. Roedd y sach yn llawn calonnau afalau!

Wedyn defnyddiodd y ffon i dorri twll yn y ddaear. Ar ôl cael twll digon o faint, rhoddodd y galon afal i mewn ynddo a thaflu pridd dros y cyfan.

Aeth ymlaen wedyn, gan wneud yr un peth yn awr ac yn y man ar hyd y ffordd.

Wedi cerdded milltiroedd lawer roedd y calonnau i gyd wedi eu plannu, a'r sach fawr yn wag.

Wedyn aeth Wiliam Siôn yn ôl tua thre â gwên hapus ar ei wyneb rhychiog.

Aeth blynyddoedd heibio, a thyfodd coed afalau braf o'r calonnau a blannodd yr hen ŵr. Bob gwanwyn byddai'r coed yn llawn blodau, a phob hydref byddai afalau cochion mawr ar bob cangen.

A phan ddeuai teithwyr tlawd a chyfoethog ar hyd y ffordd honno fe ddweden nhw, 'Dyna braf yw gweld coed afalau fel hyn yn tyfu ar fin y ffordd, a dyna flas hyfryd sydd ar y ffrwyth. Pwy blannodd y coed yma, tybed?'

Ac fe wyddai plant yr ardal honno'r ateb i'r cwestiwn, ac fe fydden nhw'n falch o'r cyfle i adrodd yr hanes rhyfedd am yr hen Wil Afalau.

ŶCH CHI'N COFIO?

1. Ble'r oedd yr hen Wiliam Siôn yn byw?
2. Sut hen ŵr oedd e?
3. Am beth roedd Wiliam Siôn yn meddwl wrth fwyta'r afal?
4. Beth oedd ganddo o dan y gwely?
5. Pam y galwodd rhai pobol yr hen ŵr yn 'Wil Afalau'?
6. Beth oedd ganddo ar ei gefn pan ddaeth allan o'r bwthyn?
7. Beth oedd ganddo yn ei law?
8. Beth oedd yn rhaid iddo ei wneud i'r drws cyn gadael y bwthyn?
9. Beth wnaeth yr hen ŵr â'r calonnau afalau?
10. Pwy oedd yn holi ynghylch y coed afalau?

Y BLAIDD A'R SAITH MYN GAFR

Un tro roedd gafr fawr a saith myn yn byw mewn tŷ bach ar ben bryn.

Un prynhawn dywedodd y fam wrth y saith myn,

'Rwy i am fynd allan i'r coed i edrych am dipyn o fwyd i chi i gyd heddiw. Nawr gofalwch gadw'r drws ynghlo nes do' i'n ôl, a pheidiwch â'i agor i neb ond fi. Os agorwch chi'r drws i'r blaidd fe fydd ar ben arnoch chi. Er mwyn i chi gael ei nabod, os daw e at y drws, rwy am i chi wybod bod ganddo lais cras a thraed duon.'

Addawodd y saith myn na fydden nhw'n agor y drws i neb ond iddi hi.

Aeth yr afr fawr i ffwrdd i'r coed, ac yn wir i chi, pwy ddaeth heibio cyn bo hir, ond yr hen flaidd.

Curodd y drws a dywedodd yn uchel,

'Agorwch y drws, 'mhlant i. Eich mam sydd yma.'

Ond wedi clywed ei lais cras gwyddai'r saith myn mai'r blaidd oedd yno, a gwaeddodd yr hynaf ohonyn nhw,

'Y blaidd sydd yna! Rwy'n nabod ei lais cras. Llais mwyn sydd gan mam.'

Wedi clywed hyn aeth yr hen flaidd ymaith gan chwyrnu. Aeth i'r siop yn y pentre a phrynodd ddarn o sialc. Ar ôl iddo fwyta'r sialc roedd ei lais yn fain. Yna aeth yn ôl i ben y bryn.

Unwaith eto curodd wrth ddrws tŷ'r geifr.

'Agorwch y drws, 'mhlant i. Mae gen i fwyd i bob un ohonoch chi.'

Nawr gan fod ei lais yn debyg i lais yr afr fawr, bu'r saith myn bron rhuthro i agor y drws. Ond gwaeddodd un ohonyn nhw ar y blaidd,

'Rhowch eich troed ar sil y ffenest i ni gael ei gweld.'

Cododd y blaidd ei droed a gwelodd y saith myn ar unwaith ei bod yn ddu.

'Na, nid ein mam sydd yna!' gwaeddodd y geifr bach gyda'i gilydd, 'Troed wen sydd gan mam.'

Ar ôl clywed hyn aeth yr hen flaidd ymaith. Gwyddai na fyddai'r saith myn yn agor y drws ar ôl gweld ei droed ddu.

Aeth i lawr i'r felin at y melinydd. Cafodd hwnnw ofn pan welodd y blaidd yn dod a rhedodd i'r tŷ.

Aeth y blaidd i mewn i'r felin a rhoi ei droed yn y blawd. Yn awr roedd ei droed mor wyn â throed yr afr fawr. Aeth yn ôl unwaith eto i ben y bryn.

Unwaith eto gwaeddodd ar y saith myn,

'Agorwch y drws, 'mhlant i. Mae gen i ddigon o fwyd.'

'Dyna lais mam,' meddai'r saith gafr fach, 'gwell i ni agor y drws.'

'Na,' meddai'r hynaf ohonyn nhw, 'gan bwyll.' Yna gwaeddodd ar y blaidd,

'Rhaid i chi roi eich troed ar ben sil y ffenest i ni gael ei gweld yn gynta.'

Rhoddodd y blaidd ei droed ar sil y ffenest. Roedd yn wyn fel troed mam y geifr bach.

Agorodd y saith myn y drws a daeth y blaidd i mewn. Pan welson nhw pwy oedd yno rhedodd un myn o dan y bwrdd, un i ben y seld, un tu ôl i'r sgiw, un i mewn i'r cwpwrdd, un o dan y gadair freichiau, un tu ôl i'r drws a'r afr leiaf ohonyn nhw i gyd i mewn i'r hen gloc mawr.

Cyn pen winc roedd y blaidd wedi llyncu pob un o'r geifr bach ond yr un leiaf a oedd yn ymguddio yn y cloc.

Ar ôl bwyta cinio mor fawr dechreuodd yr hen flaidd deimlo'n gysglyd iawn. Aeth allan o'r tŷ a gorwedd yn yr haul. Cyn bo hir roedd yn cysgu'n drwm.

Ymhen tipyn daeth mam y mynnod bach adre. Sylwodd fod y drws ar agor a dechreuodd ofni. Pan aeth i mewn i'r tŷ gwyddai fod rhywbeth mawr o le. Gwaeddodd ar y geifr bach wrth eu henwau. Nid atebodd neb am dipyn. Yna clywodd lais bach yn gweiddi yn rhywle, 'Dyma fi, mam.'

Edrychodd yr afr fawr ym mhobman ond ni allai weld dim byd. Yna clywodd y llais wedyn. Deallodd ei fod yn dod o'r tu mewn i'r cloc. Agorodd y drws a neidiodd yr afr fach leiaf allan i ganol y gegin. Wedi holi, cafodd glywed yr hanes i gyd. Yna rhedodd yr afr fawr allan drwy'r drws a gweld y blaidd yn cysgu yn y cae heb fod ymhell o'r tŷ. Aeth yn ôl i'r gegin i mofyn siswrn, nodwydd ac edau. Yn ara' bach agorodd fol yr hen flaidd â'r siswrn. Cyn gynted ag y gwnaeth hynny neidiodd pob un o'r geifr bach allan. Roedd pob un ohonyn nhw'n fyw ac yn iach!

Roedd pentwr o gerrig yn ymyl, a rhoddodd yr afr fawr rai o'r rheini i mewn ym mol y blaidd yn lle'r geifr bach. Yna cymerodd y nodwydd a'r edau a dechrau gwnïo. Cyn bo hir roedd y twll ym mol y blaidd wedi ei gau'n ofalus. Ac roedd e'n cysgu o hyd!

Wedyn aeth y geifr i gyd yn ôl i'r tŷ a chloi'r drws.

Ymhen tipyn dihunodd y blaidd, a chan ei fod yn teimlo'n sychedig iawn, aeth i lawr i'r afon i yfed dŵr. Ond gan fod y cerrig yn ei fol mor drwm, fe gwympodd i mewn i'r afon a dyna ddiwedd amdano.

STORI AM SIPSIWN

Un tro roedd bachgen o'r enw Idwal yn byw
mewn tŷ mawr yn y wlad. Roedd ganddo gorgi
bach melyn o'r enw Mic, a byddai'r ci bach yn
mynd gydag e i bob man.

Un diwrnod aeth Idwal a Mic am dro bach
gyda glan yr afon oedd yn llifo heibio i'r tŷ.
Rhedai Mic o flaen Idwal gan aros yn awr ac
yn y man i wthio'i drwyn i mewn i dyllau
cwningod yn y clawdd.

Ond ni chymerai Idwal ddim sylw ohono.
Roedd e'n meddwl am y ffair oedd i'w chynnal
yn y dre drannoeth.

Yn ei boced roedd punt a gawsai gan ei dad i brynu cyllell newydd yn y ffair. Gwyddai y byddai pob math o gyllyll poced ar y stondinau yn y ffair. Doedd e ddim wedi penderfynu eto sut gyllell a ddewisai, ond byddai rhaid iddi beidio â chostio mwy na phunt.

Yn sydyn dechreuodd Mic gyfarth. Anghofiodd Idwal bopeth am y gyllell ac edrychodd i weld ble'r oedd y corgi. Doedd y ci ddim yn y golwg yn unman. Yna clywodd Idwal sŵn cyfarth eto. Deallodd yn awr fod y sŵn yn dod o ganol y coed oedd ar un ochr i'r ffordd.

Aeth Idwal dros y clawdd ac i mewn i'r coed. Wedi cerdded am dipyn i gyfeiriad y sŵn gwelodd Mic yn edrych i lawr ar rywun oedd yn gorwedd wrth fôn hen goeden fawr.

Pan ddaeth Idwal yn nes, gwelodd mai bachgen tua'r un oed ag ef ei hunan oedd yn gorwedd o dan y goeden. Ond roedd y bachgen yma'n garpiog ac yn denau, a'i wyneb yn llwyd ac yn fawlyd.

Deallodd Idwal ar unwaith mai un o blant y sipsiwn oedd hwn. Gwyddai fod llawer o sipsiwn yn dod i'r ardal erbyn y ffair bob blwyddyn.

Cododd y bachgen carpiog ar ei draed pan ddaeth Idwal yn nes. 'Hylô,' meddai yn ddigon cyfeillgar.

Gwelodd Idwal fod ei goesau'n denau fel

brwyn a theimlai'n siŵr ei fod yn dioddef o eisiau bwyd.

Yn sydyn, heb yn wybod iddo'i hunan, tynnodd Idwal y papur punt a gawsai gan ei dad, allan o'i boced. Daliodd ef yn ei ddwrn am eiliad, ac yna estynnodd ef i'r sipsi.

Edrychodd hwnnw'n syn ar yr arian, yna cydiodd ynddo gan wenu'n hapus ar Idwal.

'O diolch,' meddai, ac i ffwrdd ag e drwy'r coed heb ddweud un gair arall.

Safodd Idwal gan edrych ar ei ôl. Ysgydwodd ei ben mewn penbleth. Beth yn y byd a wnaeth iddo roi'r bunt i'r sipsi? On'd oedd e wedi addo iddo'i hunan y byddai'n prynu cyllell newydd yn y ffair?

Ond roedd y sipsi a'r bunt wedi mynd.

Aeth Idwal a Mic yn ôl drwy'r coed tuag at y tŷ mawr. Pan gyrhaeddodd y tŷ dywedodd yr hanes wrth ei dad.

'O wel,' meddai hwnnw, 'dy arian di oedden nhw! Ond cofia, dyna hi ar ben arnat ti i gael y gyllell newydd 'na nawr.'

Fore trannoeth, pan gododd Idwal, doedd dim sôn am Mic yn unman. Dywedodd ei dad wrtho nad oedd neb wedi ei weld o gwbwl y bore hwnnw. Mic ar goll? Dechreuodd Idwal deimlo'n anesmwyth. Doedd Mic byth yn arfer crwydro ymhell oddi wrth y tŷ ond pan fyddai'n mynd am dro gydag Idwal neu ei dad.

Beth oedd wedi digwydd iddo? Aeth Idwal a'i dad i lawr y ffordd gan alw ei enw, ond doedd dim sôn am y ci bach. Fe aethon nhw drwy'r coed a'r caeau wedyn, ond roedd y corgi wedi diflannu'n llwyr.

'Wyddost ti,' meddai ei dad, 'rwy'n teimlo'n siŵr mai'r hen sipsiwn 'na sydd i lawr yn ymyl yr afon sy'n gyfrifol am hyn.' Aeth y ddau adre i gael eu cinio. Drwy'r prynhawn buon nhw'n disgwyl Mic yn ôl ond ddaeth e ddim. Doedd dim awydd mynd i'r ffair ar Idwal na'i dad yn awr, â Mic ar goll.

Daeth amser te ond ni ddaeth Mic tua thre. Ar ôl te aeth y ddau i lawr i gyfeiriad yr afon.

Roedd carafanau'r sipsiwn yr ochr arall i'r afon a gallent weld mwg eu tanau yn glir. Safodd y ddau ar y lan gan edrych yn graff i weld a oedd sôn am Mic.

Yn sydyn fe welson nhw fachgen yn rhedeg at ymyl y dŵr o ganol y carafanau. Clywsant weiddi uchel tu ôl iddo, ond rhedai'r bachgen yn syth am yr afon. Gwelodd Idwal fod rhywbeth melyn yn ei freichiau a gwyddai ar unwaith mai Mic ydoedd. Gwyddai hefyd mai hwn oedd y bachgen y rhoddodd yr arian iddo y diwrnod cynt.

Ond erbyn hyn roedd dau neu dri dyn cryf yn rhedeg ar ôl y bachgen. Ond cyn iddyn nhw ei ddal cerddodd i mewn i'r afon. Roedd cerrig mawr yn yr afon a neidiodd y bachgen o garreg

36

i garreg nes oedd ynghanol y llif. Gwyddai
Idwal ei bod yn ddwfn iawn yn y fan honno, a
phe bai'r bachgen yn cwympo i'r dŵr byddai'n
siŵr o foddi. Ond roedd mor ddiogel ar ei
draed â gafr, a chyn bo hir neidiodd ar y lan yn
ymyl Idwal a'i dad. Neidiodd Mic o'i gôl a
chydiodd Idwal yn dynn ynddo.

'Roeddwn i'n iawn, felly, pan ddywedes i
mai'r sipsiwn ddygodd Mic,' meddai tad
Idwal.

'Ie,' meddai'r bachgen, 'ond nid sipsiwn
o'n teulu ni. Sipsiwn drwg oedd y rhai yna
oedd yn ceisio 'nal i gynne.'

'Beth sy'n mynd i ddigwydd i ti pan ei di
nôl?' gofynnodd Idwal.

Gwenodd y sipsi. 'O, mi fydda i'n iawn pan
ddaw 'nhad a 'mrodyr yn ôl o'r ffair. Fe
fyddan nhw'n gofalu na chaiff y dynion yna
wneud niwed i mi.'

'Wel,' meddai tad Idwal, 'rwyt ti wedi
gwneud cymwynas â ni heno. Nawr beth am
fynd am dro bach i'r ffair ein tri?'

'O ie!' meddai Idwal, ac i ffwrdd â'r tri i
lawr tua'r pentre, a Mic gyda nhw.

Yn y ffair cafodd Idwal ei gyllell boced
wedi'r cyfan. Fe gafodd bachgen y sipsiwn
gyllell hefyd, do, a phryd da o fwyd cyn mynd
yn ôl i'r garafán gyda'i dad a'i frodyr.

ÝCH CHI'N COFIO?

1. Ble'r oedd Idwal yn byw?
2. Beth oedd enw'r corgi bach melyn?
3. Gan bwy y cafodd Idwal y papur punt?
4. Beth oedd Idwal am wneud â'r papur punt?
5. Ble'r oedd digon o gyllyll?
6. Ble'r oedd bachgen y sipsiwn yn gorwedd?
7. I ble aeth Idwal a'i dad ar ôl te?
8. Beth oedd yr ochr arall i'r afon?
9. Pwy, yn ôl y stori, sy'n 'ddiogel ar ei thraed'?
10. Gyda phwy yr aeth bachgen y sipsiwn yn ôl i'r garafán?

LLYGODEN Y WLAD A LLYGODEN Y DREF

Un tro trigai llygoden fach lwyd mewn hen sgubor yn y wlad. Teimlai'n eithaf hapus yno, er bod cath yn byw ar y fferm. Ond pan ddeuai honno heibio i'r sgubor, gofalai'r llygoden gadw o'r golwg mewn twll yn y wal.

Roedd digon o ŷd yn y sgubor, wrth gwrs, ac ni fyddai hi byth yn dioddef eisiau bwyd. Ond weithiau hiraethai am dipyn o newid; hiraethai am ddarn o gaws blasus neu ddarn o deisen. Ond doedd dim o'r pethau hynny yn yr hen sgubor.

Un noson daeth ei chwaer, a oedd yn byw yn y dre, i roi tro amdani. Cafodd honno bryd da o fwyd, ond chafodd hi ddim caws na theisen, gan nad oedd modd cael danteithion felly mewn sgubor.

'Wn i ddim sut rwyt ti'n gallu byw ar dipyn o wenith a cheirch fel hyn o hyd. Rydyn ni yn y dre yn cael pob math o fwyd blasus. Rhaid iti ddod i'm gweld ryw dro, ac fe gei di brofi drosot dy hunan.'

Bu'r ddwy yn siarad am y peth hwn a'r peth arall ar ôl bwyd.

Yn sydyn, clywsant sŵn yn y goeden fawr oedd y tu allan i'r sgubor.

'TW-WHIT-TW-HŴ!'

'Beth yn y byd oedd hwnna?' gofynnodd y llygoden o'r dre.

'O, dim ond yr hen dylluan,' atebodd ei chwaer.

'Tylluan! Gwarchod pawb! Hoffwn i ddim byw yn y wlad. Mae'n beryglus iawn yma. Rwyt ti'n gwybod yn iawn fod tylluanod yn bwyta llygod!'

Yna clywsant y fuwch yn brefu yn y beudy.

'O!' meddai'r llygoden o'r dre. 'Rwy'n mynd! Rwy wedi cael digon ar y wlad, diolch i ti.'

'Ond y fuwch oedd honna! Wna hi ddim drwg i neb.'

'Ond 'dyn ni yn y dre ddim yn gyfarwydd â

sŵn felna. Does neb yn y dre yn gwneud sŵn mor aflafar.'

Ar ôl i'w chwaer fynd adre, bu llygoden fach y wlad yn meddwl am y dre. Oedd bywyd gymaint yn well yno nag yn y wlad? Yn sydyn penderfynodd fynd i weld drosti ei hunan.

Cychwynnodd ar ei thaith yn hwyr un prynhawn, ac wedi teithio am awr neu ddwy, daeth i olwg y dre. Roedd hi'n nos erbyn hyn a gwelai'r llygoden oleuadau'r dre yn y pellter, yn edrych yn debyg iawn i'r sêr oedd yn yr awyr.

Aeth ymlaen wedyn, a daeth aroglau rhyfedd iawn i'w ffroenau. Nid aroglau'r caws a'r deisen y soniodd ei chwaer amdanyn nhw, ond aroglau mwg, olew a thar.

Pan ddaeth i'r dre clywai sŵn ofnadwy ym mhobman—sŵn moduron o bob math, sŵn llawer o bobl yn chwerthin, siarad a gweiddi; sŵn traed, sŵn drysau'n cau ac yn agor, sŵn olwynion a sŵn miwsig.

Pan ddaeth i'r tŷ lle'r oedd ei chwaer yn byw, aeth i mewn yn ddistaw, heb guro'r drws hyd yn oed. Cafodd groeso cynnes gan ei chwaer a chafodd bryd blasus iawn o fwyd. Gosodwyd darn braf o gaws a darn mwy fyth o ddeisen o'i blaen, ac wrth fwyta dechreuodd deimlo ei bod hi'n ffôl iawn i fyw yn yr hen sgubor yn y wlad tra oedd ei chwaer yn cael ei gwala o'r bwyd gorau yn y dre.

'Does dim rhaid i ti fynd adre heno,' meddai ei chwaer wrthi, 'aros yma gyda mi am dipyn. Mae yma ddigon o fwyd a digon o le. Rwy'n gofidio amdanat ti yn byw yn yr hen sgubor oer yna.'

'Wel, gan iti ofyn i mi,' atebodd llygoden fach y wlad, 'fe arhosa i yma am dipyn bach i weld sut le yw'r dre.

Ac felly y bu. Trwy'r nos honno bu'r ddwy chwaer yn siarad am y peth hyn a'r peth arall, ac ar doriad y wawr trannoeth fe aeth y ddwy i'r gwely gan feddwl cysgu drwy'r dydd.

Yn fuan iawn ar ôl mynd i'r gwely dechreuodd llygoden y dre chwyrnu'n braf. Ond druan o'i chwaer o'r wlad! Allai hi ddim cysgu winc. Deuai sŵn y moduron o'r stryd y tu allan i'w chlustiau drwy'r amser. Yna dechreuodd deimlo poen yn ei chylla, a gwyddai ei bod wedi bwyta gormod o gaws a theisen y noson cynt.

Ar ôl troi a throsi am oriau, heb obaith mynd i gysgu, penderfynodd godi o'i gwely a mynd allan am dro.

Daeth allan o'r twll yn y wal lle'r oedd cartre ei chwaer, a gwelodd ei bod mewn ystafell fawr, hardd. Roedd carped ar y llawr a dodrefn a llestri costus ym mhob man.

Yr eiliad honno daeth arogl caws i'w ffroenau. Edrychodd o gwmpas a gwelodd fod darn mawr o gaws yn ymyl y twll yn y wal.

Aeth ato ar unwaith. Sylwodd fod y caws wedi ei osod ar ddarn o bren ar y llawr. Cerddodd o gwmpas y darn pren. Rywfodd neu'i gilydd teimlai fod yma berygl yn rhywle. Ond pa berygl a allai fod? Yn sydyn, penderfynodd ddringo i ben y pren at y caws. 'CLAMP!'

Ie, trap oedd y darn pren, ac yn awr roedd wedi cau ar gynffon y llygoden fach o'r wlad. Aeth yn ôl i'r twll at ei chwaer mewn dychryn mawr, ond gadawodd hanner ei chynffon yn y trap.

Y noson honno aeth y llygoden yn ôl i'r hen sgubor yn y wlad i fyw ar wenith a cheirch. Yn rhyfedd iawn ni fu cymaint o chwant caws a theisen arni byth wedyn, ac ni bu arni awydd mynd i fyw i'r dre at ei chwaer ar ôl hynny chwaith.

ÔCH CHI'N COFIO?

1. Ble'r oedd llygoden y wlad yn byw?
2. Beth oedd ei bwyd?
3. Am beth yr hiraethai ambell waith?
4. Beth oedd yn cadw sŵn ar ben y goeden?
5. Beth oedd y peth cyntaf a welodd llygoden y wlad pan ddaeth hi i olwg y dre?
6. Enwch dri sŵn a glywodd ar ôl cyrraedd y dre?
7. Sut groeso gafodd hi gan ei chwaer?
8. Pam na allai hi gysgu?
9. Beth oedd y darn pren a welodd y llygoden ar y llawr?
10. Pam roedd hi'n fodlon ar fyw yn y sgubor yn y diwedd?

Rhowch y geiriau hyn yn y bylchau:
sgubor, palmant, gwala, ddanteithion, ffroenau.

(a) Roedd pob math o _____ ar y bwrdd.
(b) Cafodd y llygoden ei _____ o fwyd yn y dre.
(c) Cedwir gwenith a cheirch yn y _____.
(ch) Lle i bobl gerdded yn y dref yw'r _____.

(d) Gan fod annwyd arno, ni allai anadlu drwy ei _____.

Y CEFFYL RHYFEDD

Yn nhref Bagdad yn y Dwyrain, ganrifoedd lawer yn ôl, trigai brenin cyfoethog a phwysig iawn. Roedd ganddo blas mawr o wydr gloyw, a channoedd lawer o weision a morynion.

Gan ei fod yn ddyn mor bwysig, byddai'n cael ei ben blwydd ddwywaith bob blwyddyn, a theirgwaith bob blwyddyn naid.

Un diwrnod daeth dewin i blas y brenin, ar gefn ceffyl rhyfedd iawn. Edrychai'n debyg i geffyl pren, ond gallai redeg cystal â cheffyl gorau'r brenin. Ond yn fwy rhyfedd na hynny, gallai hedfan drwy'r awyr. Dim ond cydio yn ei glust chwith, codai i'r awyr a hedfan yn gynt na'r un aderyn.

Pan welodd y brenin y ceffyl, fe geisiodd ei brynu yn anrheg i'w fab, y tywysog Achmed. Ond er iddo gynnig dwy sachaid o aur amdano ni fynnai'r dewin ei werthu.

'Tair sachaid!' meddai'r brenin. Ond ysgwyd ei ben a wnâi'r dewin.

'Pedair sachaid!' gwaeddodd y brenin, ond gwrthododd y dewin.

Edrychai'r brenin yn ddig iawn. Doedd neb wedi gwrthod dim iddo erioed o'r blaen.

Yna, rhag ofn y byddai'r brenin yn ei daflu i garchar, dywedodd y dewin ei fod yn fodlon i'r tywysog fynd ar gefn y ceffyl unwaith, os mynnai.

Aeth Achmed ar gefn y ceffyl yn llawen. Cydiodd yn ei glust chwith a chyn pen winc roedd yn hedfan fry uwchben y plas.

'O dyma hyfryd!' meddai. 'Rwy'n teimlo fel hedfan i ben draw'r byd!'

Erbyn hyn roedd yn uwch na'r tŵr talaf yn Bagdad, ac yn mynd yn uwch o hyd.

Cyn bo hir roedd ynghanol y cymylau a dechreuodd deimlo braidd yn oer.

Yn sydyn, cofiodd nad oedd y dewin wedi dweud wrtho beth i'w wneud i gael y ceffyl yn ôl i'r ddaear!

Cydiodd yn ei ffrwyn a'i thynnu; tynnodd y

glust dde a'r glust chwith ond dal i fynd i fyny a wnâi'r ceffyl. Tynnodd ei fwng, ond yn ofer.

Cyn bo hir aeth mor uchel ac mor bell fel na allai weld Bagdad a phlas y brenin. Chwythai gwynt mawr o'i gwmpas yn awr, ac roedd y cymylau mor drwchus fel na allai weld dim.

Yn ôl yn Bagdad gofidiai'r brenin am ei fab a theimlai'n ddig iawn, iawn wrth y dewin.

'I'r carchar ag ef!' gwaeddodd, 'Ac os na fydd Achmed yn ôl erbyn bore fory, fe gaiff ei grogi!'

Ond er i bobl Bagdad edrych i fyny i'r awyr nes iddi fynd yn nos, ddaeth y tywysog ddim yn ôl.

Taflwyd y dewin i'r carchar ac aeth pobol Bagdad i'r gwely'n drist iawn y noson honno.

Ond beth oedd yn digwydd i'r tywysog Achmed?

Wel, yng nghanol y gwynt a'r tywyllwch fry yn yr awyr, bu bron iawn iddo gwympo oddi ar gefn y ceffyl. Byddai wedi cwympo hefyd oni bai iddo gydio yng nghynffon y ceffyl. A chyn gynted ag y gwnaeth hynny dechreuodd y ceffyl ddisgyn tua'r ddaear!

Disgynnodd ar ryw ynys unig yng nghanol y môr heb neb yn byw arni. Roedd hi'n dywyll iawn o hyd, ac ni wyddai Achmed y ffordd yn ôl i Bagdad.

Ond gwyddai mai tua'r dwyrain roedd ei gartref. Ond i ba gyfeiriad roedd y dwyrain?

47

'Fe wn i,' meddai, 'mae'r haul yn codi yn y dwyrain. Pan gwyd yr haul, fe af i'r cyfeiriad hwnnw a byddaf yn siŵr o ddod i Bagdad.'

A dyna a wnaeth. Pan gododd yr haul fore trannoeth, neidiodd Achmed ar gefn y ceffyl rhyfedd, cydiodd yn ei glust chwith, a chyn pen eiliad roedd y ddau yn hedfan yn gyflym tua'r dwyrain.

Ymhen tipyn gwelodd y tywysog dyrau Bagdad yn y pellter.

Pan ddaeth yn union uwchben plas y brenin tynnodd gynffon y ceffyl a disgynnodd ar ganol y sgwâr fawr o flaen y plas.

Y funud honno roedd milwyr y brenin yn dod allan â'r dewin i'w grogi.

Ond pan welsant fod y tywysog wedi dychwelyd yn ddiogel, rhedodd pawb ato gan weiddi'n hapus.

A dyna pryd y gwelodd yr hen ddewin ei gyfle. Pan oedd pawb yn casglu o gwmpas Achmed, neidiodd yntau ar gefn y ceffyl rhyfedd, a chyn i neb fedru gwneud dim i'w rwystro, roedd yn hedfan yn gyflym drwy'r awyr tua'r gogledd.

Ac ni welodd neb mo'r dewin na'i geffyl o'r dydd hwnnw hyd heddiw.

Ond mae pobol yn dal i siarad amdanyn nhw yn hen dre Bagdad o hyd.

ŶCH CHI'N COFIO?

4. Beth oedd y dewin wedi anghofio'i ddweud wrth Achmed?
5. Beth wnaeth Achmed i gael y ceffyl yn ôl i'r ddaear?
6. Ble daeth y ceffyl i lawr?
7. Sut y gwyddai Achmed ym mha gyfeiriad roedd y dwyrain?
8. Beth oedd y milwyr yn mynd i'w wneud pan ddaeth y tywysog yn ôl?
9. Pryd y cafodd y dewin gyfle i ddianc?
10. I ba gyfeiriad yr aeth y dewin a'r ceffyl yn y diwedd?

A FEDRWCH ATEB

1. Sawl gwaith y flwyddyn y byddwch yn cael eich pen blwydd?
2. Pa mor aml y mae hi'n Flwyddyn Naid?
3. P'un o'r misoedd sy'n cael diwrnod arall pan fydd hi'n Flwyddyn Naid?
4. Beth sy'n hongian ar y mur yn dangos i ni pa ddydd o'r wythnos a pha fis o'r flwyddyn yw hi?
5. Pa mor aml y bydd y lleuad yn 'newid'?
6. Sawl mis sydd mewn blwyddyn?
7. Sawl diwrnod?

8. Sawl diwrnod sydd mewn Blwyddyn Naid?

9. P'un o'r misoedd yw'r byrraf?

10. Sawl diwrnod sydd mewn pythefnos?

(a) Beth sydd yn yr awyr bob amser pan fo'n bwrw glaw?

(b) Ble mae'r haul yn codi yn y bore?

(c) Ble mae'r haul yn machlud?

(ch) Beth sy'n rhoi golau i ni yn y nos?

(d) Sut gymylau sydd yn yr awyr pan fo'n dywydd teg?

(dd) Beth yw enw'r bwa lliwgar sydd yn yr awyr pan fo haul a glaw gyda'i gilydd?

(e) Sut dywydd a gawn ni pan fo'r gwynt yn chwythu o'r gogledd?

(f) Sut dywydd a gawn ni pan fo'r haul yn machlud yn goch?

(ff) A wyddoch chi beth yw ystyr yr hen ddywediad, 'Am y tywydd gorau tewi'?

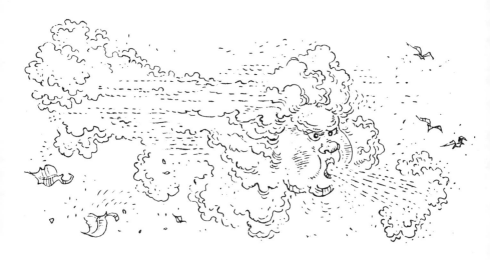

Y CORWYNT

Myfi ydyw'r corwynt
Sy'n chwyrnu drwy'r fro,
Gan ddryllio'r canghennau
A chwythu'r cymylau
Fel byddin ar ffo.

Myfi ydyw'r corwynt
Sy'n ysgwyd pob dôr,
Gan ddeffro'r babanod,
A chwythu'r gwylanod
O'r graig uwch y môr.

Myfi ydyw'r corwynt
Sy'n chwerthin fel cawr
Wrth daflu'r bwcedi
A theisi mis Medi
Yn llanast i'r llawr.

Myfi ydyw'r corwynt
Sy'n chwyrnu drwy'r fro,
Ac yna'n tawelu
A myned i'r gwely
I gysgu am dro.

PWY?

Pwy sy'n gallu taro
Saith, wyth, naw?
Pwy sy'n berchen bysedd
Heb yr un llaw?

Pwy sy'n gallu cerdded
Heb yr un droed
Er nad yw wedi symud
Cam erioed?

Pwy sy'n berchen wyneb,
Ond dim un dant?
Pwy sy'n dweud
Mae'n amser...mynd...i'r...gwely
Wrth y plant?

Y CLOC

Pan fo'r cloc yn mynd 'tic-toc', dywedwn ei fod yn CERDDED.

Mae WYNEB gan y cloc. Ar ei wyneb gallwch weld rhifau o 1 i 12.

Mae gan y cloc FYSEDD. Bysedd y cloc yw'r ddau bin—yr un mawr a'r un bach.

Bysedd y cloc sy'n dangos FAINT O'R GLOCH yw hi.

Pan fo bysedd y cloc ar ddeuddeg yn y prynhawn, dywedwn ei bod yn HANNER DYDD.

Os ydych am i'r cloc gerdded o hyd rhaid ei WEINDIO.

Nid oes eisiau weindio CLOC TRYDAN.

Mae PENDIL y cloc yn siglo yn ôl ac ymlaen pan fo'r cloc yn cerdded.

Pan fo'r cloc yn dweud 'ding, ding, ding', dywedwn ei fod yn TARO.

Y cloc sy'n deffro pobl yn y bore yw'r CLOC LARWM.

CARL A'R LLADRON

Unwaith trigai bachgen o'r enw Carl mewn bwthyn bach to gwellt yn agos i hen goedwig fawr. Roedd ei dad wedi marw, ac wedi gadael digon o arian ar ei ôl i gadw Carl a'i fam yn weddol gysurus.

Ond un noson daeth lladron heibio i'r tŷ pan oedd pawb yn cysgu'n dawel. Pan ddihunodd Carl a'i fam yn y bore, doedd dim ar ôl o'r arian a adawodd y tad iddyn nhw.

Dechreuodd mam Carl wylo'n hidl. 'Fe fyddwn ni farw o newyn, gei di weld,' meddai.

Wrth weld ei fam yn wylo, penderfynodd Carl fynd ar ôl y lladron i'w cosbi. Aeth i lawr drwy'r pentre gan holi pawb a welai, 'Welsoch chi ladron yn mynd heibio'r ffordd yma?' Ond doedd neb wedi eu gweld.

Aeth Carl ymlaen, dros y bryn ac i lawr yr ochr draw, ac ymlaen wedyn, nid am un diwrnod na dau, ond am bedwar diwrnod cyfan. Erbyn hyn roedd e wedi blino'n arw iawn. Yn waeth na dim, daeth storm fawr pan oedd yn dechrau nosi. Curai'r glaw ar ei wyneb a chwythai'r gwynt oer trwy ei ddillad tenau. Roedd hi mor dywyll cyn bo hir, fel y collodd ei ffordd yn llwyr. Crwydrai yma ac acw drwy'r coed a'r drain trwchus. Pan oedd ar fin penderfynu peidio â mynd gam ymhellach, gwelodd lygedyn bach o olau yn y pellter. Aeth yn nes a gwelodd ei fod yn ymyl tŷ mawr, llwyd. Edrychodd drwy'r ffenest a gwelodd dân braf yn llosgi ar aelwyd fawr, lydan. Curodd ar y drws. Daeth hen wraig gam i'w ateb.

'Ga i wely a chysgod yma heno, os gwelwch chi'n dda?' gofynnodd Carl. 'Mae hi'n ofnadwy allan ar nos fel heno.'

'Na, chei di ddim gwely na chysgod yma,' meddai'r hen wraig, 'os yw hi'n ofnadwy allan, byddai'n llawer gwaeth arnat yn y tŷ yma.'

'Pam, beth sy'?' gofynnodd Carl mewn syndod.

'Lladron sy'n byw yn y tŷ yma, a lladron creulon iawn hefyd. Rwy i wedi bod yn garcharor yma am flynyddoedd. Mae'n well i ti wynebu'r storm na'r dihirod sy'n byw yma.'

'Does arna i ddim ofn lladron,' meddai Carl yn ddewr.

Edrychodd yr hen wraig yn syn arno, ond heb ddweud un gair arall agorodd y drws led y pen a gwneud arwydd arno ddod i mewn. Teimlai Carl mor flinedig fel na allai wneud dim ond gorwedd i lawr mewn cornel o'r ystafell. Taflodd yr hen wraig ddillad sychion drosto a chyn pen fawr o dro roedd Carl yn cysgu'n drwm.

Yn oriau mân y bore daeth y lladron yn ôl o rywle. Rhoddodd un ohonyn nhw gic i'r pentwr dillad ar y llawr. Neidiodd Carl ar ei draed.

'Lladdwch e!' gwaeddodd un lleidr.

'Na,' meddai Carl, 'rwy wedi dod yma i ddysgu bod yn lleidr. Rwy am fod yn un ohonoch chi. Rwy'n fodlon bod yn was i chi ond i chi fy nysgu'n iawn sut i ladrata heb gael fy nal.'

Edrychodd y lladron ar ei gilydd gan wenu.

'O'r gorau,' meddai'r pennaeth, 'fe rown ni brawf arnat ti.'

Wedyn dywedodd wrth Carl fod ffermwr yn byw heb fod ymhell o'r tŷ mawr, llwyd a chanddo ddau eidion braf.

'Heddiw, tua hanner dydd, bydd yn mynd ag un o'r eidionau i'r farchnad,' meddai'r pennaeth, 'ac os gelli di ddwyn yr eidion oddi wrtho heb yn wybod iddo, fe gei di ymuno â ni, ac fe gei dy ddysgu i fod yn lleidr gorau'r wlad.'

Cytunodd Carl ar hynny ac aeth allan i'r ffordd fawr i ddisgwyl y ffermwr a'r eidion. Nid aeth â dim gydag e ond un faneg sidan a welodd ymysg pentwr o hen ddillad ar lawr yr ystafell fawr.

Cyn bo hir gwelodd y ffermwr a'r eidion yn dod yn y pellter. Gadawodd y faneg sidan ar ganol y ffordd ac aeth i ymguddio y tu ôl i'r clawdd. Daeth y ffermwr yn nes a gwelodd y faneg sidan, hardd.

'A! Maneg sidan!' meddai. 'Pe bai yma ddwy faneg fe awn â nhw adre yn anrheg i'r wraig. Ond dyw un faneg yn werth dim i neb.'

Aeth ymlaen ar ei daith gan adael y faneg sidan ar ganol y ffordd.

Cyn gynted ag yr aeth heibio i'r tro, neidiodd Carl allan o'r tu ôl i'r clawdd, cydiodd yn y faneg a rhedeg ar draws y caeau. Daeth allan i'r ffordd fawr wedyn yn nes ymlaen, cyn i'r ffermwr a'r eidion gyrraedd y fan honno. Gosododd y faneg sidan unwaith eto ar ganol y ffordd ac aeth i ymguddio y tu ôl i'r clawdd i ddisgwyl y ffermwr. Cyn bo hir daeth hwnnw a gweld y faneg.

57

'Ha!' meddai 'Dyma faneg arall, yr un ffunud â'r un a welais ar y ffordd gynnau. Pe bawn wedi codi honno byddai gen i bâr yn awr, a byddai gen i anrheg ardderchog i fynd adre i'm gwraig heno. Fe wn·i beth wna i, fe glymaf yr eidion wrth y goeden 'ma, ac fe a' i'n ôl i mofyn y faneg arall.'

Cyn gynted ag yr aeth o'r golwg heibio i'r tro, neidiodd Carl allan o'r tu ôl i'r clawdd, tynnodd yr eidion yn rhydd ac aeth ag e ar frys yn ôl i'r tŷ lle'r oedd y lladron yn ei ddisgwyl.

Edrychai'r lladron mewn syndod mawr iawn pan adroddodd Carl yr hanes wrthyn nhw.

'Wel,' meddai'r pennaeth, 'rwyt ti wedi dy brofi dy hunan yn lleidr heb dy ail. O hyn allan fe gei fyw yma gyda ni. Heno fe gei di ddod gyda ni i ddwyn aur ac arian o'r plas sydd yr ochr draw i'r coed.'

'O na,' meddai Carl yn fawreddog, 'rwy i wedi bod yn brysur yn ystod y dydd heddiw, eich gwaith chi fydd mynd allan i ddwyn heno. Rwy'n bwriadu mynd i'r gwely'n gynnar heno, os carech chi wybod.'

Edrychodd rhai o'r lladron yn fygythiol arno, a meddyliodd Carl am funud eu bod yn mynd i'w ladd, ond o'r diwedd dywedodd y pennaeth,

'Mae'r bachgen yn iawn. Dewch, gadewch i ni fynd.'

Cyn gynted ag yr aeth y lladron ymaith, aeth Carl allan o'r tŷ a rhedeg nerth ei draed i'r fferm lle'r oedd perchen yr eidion yn byw. Dywedodd yr hanes i gyd wrtho, fel roedd e wedi ei dwyllo â'r faneg sidan, er mwyn cael cyfle i ddwyn yr eidion, er mwyn dangos i'r lladron ei fod cystal gŵr â nhw.

'Nawr,' meddai wrth y ffermwr, 'oes gennych chi geffyl?'

'Oes,' meddai hwnnw'n ddryslyd.

'Wel, rwy am i chi fynd ar garlam i rybuddio gŵr bonheddig y plas sydd tu draw i'r coed fod y lladron yn bwriadu dwyn ei holl aur a'i arian heno yn ystod y nos.'

'Ond yr eidion . . .' meddai'r ffermwr druan.

'Fe gewch chi'r eidion yn ôl ymhen diwrnod neu ddau. Mae gen i dipyn o waith iddo heno.'

Aeth Carl yn ôl i'r tŷ mawr, llwyd. Gyda help yr hen wraig fe roddodd holl gyfoeth y lladron mewn sachau a chlymodd nhw ar gefn yr eidion. Roedd yr eidion hwnnw, fel y gallech ddisgwyl, yn greadur mawr cryf, ond prin ei fod yn ddigon cryf i gario'r holl bwysau o aur ac arian a roddodd Carl ar ei gefn. Beth bynnag am hynny, cario'r llwyth fu raid iddo.

Drwy'r nos honno cerddodd Carl a'r hen wraig a'r eidion drwy'r coed a'r caeau, ac erbyn y bore roedden nhw ymhell o dŷ'r lladron. Ymhen hir a hwyr daeth Carl yn ôl i dŷ ei fam, a mawr oedd y llawenydd yn y pentre pan glywodd y bobol fod y bachgen, nid yn unig yn fyw ac yn iach, ond yn gyfoethog hefyd. Ond roedd eu llawenydd yn fwy fyth cyn pen yr wythnos, pan glywsant fod gŵr bonheddig y plas tu draw i'r coed wedi llwyddo i ddal y lladron bob un.

A chwarae teg i Carl, ni chadwodd y trysor iddo'i hunan chwaith, na, fe'i rhannodd rhwng y bobol oedd wedi dioddef colled o achos y lladron.

ŶCH CHI'N COFIO?

1. Beth oedd wedi digwydd i dad Carl?
2. Pam yr aeth Carl oddi cartref?
3. Am sawl diwrnod y bu Carl yn teithio?
4. Pam roedd Carl yn falch o weld golau yn y pellter?
5. Pwy ddaeth i'w ateb pan gurodd Carl ar ddrws y tŷ mawr llwyd?
6. Pam na chododd y ffermwr y faneg gyntaf?
7. Pwy aeth i rybuddio gŵr bonheddig y plas fod y lladron ar y ffordd?
8. Beth wnaeth Carl â'r trysor a gafodd yn nhŷ'r lladron?
9. Beth ddigwyddodd i'r lladron yn y diwedd.
10. Pwy oedd yn arwain y lladron?

GWG A GWÊN

Un tro roedd mam a chanddi ddau fab. Enw
un ohonyn nhw oedd Gwên, ac roedd e bob
amser yn garedig tuag at bawb. Enw'r llall
oedd Gwg, a bachgen creulon, angharedig
oedd e.

Ond roedd Gwên yn ddall, ac ni allai fynd
ymhell o'r tŷ ar ei ben ei hunan.

Ymhen amser bu'r fam farw a doedd neb ar
ôl yn y tŷ ond y ddau frawd.

Un diwrnod dywedodd Gwg ei fod e'n mynd
i blas y brenin i wneud ei ffortiwn. Dywedodd

Gwên ei fod yntau am fynd hefyd. Doedd Gwg ddim yn fodlon iawn, ond ni allai adael ei frawd ar ei ben ei hunan. Felly bodlonodd i Gŵen fynd gydag e.

Cychwynnodd y ddau un bore gan gloi drws eu cartre am byth. Roedd hi'n daith bell i blas y brenin a buon nhw ddiwrnodau ar y ffordd. Ymhell cyn cyrraedd pen y daith roedd Gwg wedi blino ar lusgo'i frawd dall ar ei ôl.

Un noson pan oedd yr haul yn machlud daethant at goedwig fawr, a chan eu bod wedi blino bu'n rhaid iddyn nhw gysgu o dan y coed y noson honno.

Fore trannoeth dihunodd Gwg o flaen Gwên, ac meddai wrtho'i hunan,

'Pa obaith sydd gen i wneud fy ffortiwn os bydd rhaid imi lusgo fy mrawd gyda mi i bob man? Mi a' i ymlaen hebddo i blas y brenin.'

A dyna a wnaeth. Pan ddihunodd Gŵen, roedd Gwg wedi mynd a'i adael.

Gan na allai weld y ffordd bu'n rhaid i Gwên aros yn y coed y diwrnod hwnnw. Pan ddaeth y nos dringodd i ben coeden rhag ofn y byddai anifeiliaid gwylltion yn dod heibio a'i larpio.

Eisteddodd ar gangen uchel a cheisiodd gysgu, ond ni allai. Tua hanner nos clywodd sŵn traed ysgafn yn nesu at fôn y goeden. Anifeiliaid gwylltion y goedwig oedd yno; yr arth, yr ysgyfarnog a'r llwynog. Er syndod iddo fe'u clywodd yn siarad â'i gilydd wrth fôn y goeden.

Ebe'r arth, 'Mae rhai'n dweud bod dynion yn fwy doeth a gwybodus na ni'r anifeiliaid. Ond celwydd yw hynny rwy'n meddwl. Dyna frenin y wlad yma; mae e wedi mynd dipyn yn hen ac mae ganddo lygaid drwg. Ond pe byddai'n dod yma ac yn golchi ei lygaid â'r gwlith sydd ar ddail y goeden hon yn y bore bach fe allai weld cystal ag erioed. Ond ddaw e ddim. Na, dyw dynion ddim mor ddoeth â'r anifeiliaid.'

Gwrandawai Gwên yn astud ar ben y goeden.

Ac meddai'r llwynog,

'Rwy'n cytuno'n llwyr. Dyna i chi ferch y brenin wedyn. Mae hi'n ferch hardd iawn, fel y gwyddoch chi, ond mae'n fyddar. All hi ddim clywed cloch yr eglwys yn canu. Ond pe bai'r brenin yn codi'r garreg fawr sydd o flaen yr allor yn yr eglwys, fe welai fod yno ffynnon o ddŵr clir fel y grisial. A phe bai'r dywysoges yn golchi ei chlustiau â dŵr o'r ffynnon, fe allai glywed cystal â mi.'

'Gallai,' meddai'r ysgyfarnog, 'fe allai glywed bron cystal â mi. Na, dyw dynion ddim mor wybodus â'r anifeiliaid.'

Yna aeth yr anifeiliaid i ffwrdd.

Pan dorrodd y wawr fore trannoeth, cymerodd Gwên dipyn o'r gwlith oedd ar ddail

63

y goeden a'i roi ar ei lygaid. Mewn winciad roedd yn gallu gweld!

Ni allai lai na gweiddi gan lawenydd, a chyn bo hir roedd ar ei ffordd i blas y brenin.

Ni allai frysio am fod cymaint o bethau i'w gweld ar y ffordd. I fachgen a oedd wedi bod yn ddall ar hyd ei oes roedd pob blodyn a phob coeden yn edrych yn hardd iawn.

Ond o'r diwedd cyrhaeddodd y dre lle'r oedd y brenin yn byw. Aeth yn syth i'r plas, ac wedi holi rhai o weision y brenin, deallodd fod Gwg wedi ymuno â'r fyddin ac wedi mynd i ymladd i ran arall o'r wlad.

Gofynnodd am ganiatâd i weld y brenin, a chafodd fynd i mewn i ardd y plas lle'r oedd y brenin a'r dywysoges yn eistedd yn yr haul. Pan welodd Gwên y dywysoges agorodd ei lygaid led y pen. O bob peth hardd a welsai ar y ffordd doedd dim mor hardd â hi. Roedd ganddi bwysi o flodau o bob lliw yn ei chôl a chlywodd Gwên hi'n dweud wrth y brenin,

'On'd yw'r blodau yma'n hardd, 'nhad?'

Edrychodd y brenin yn drist. Yna dywedodd,

'Fedra i ddim dweud; mae fy llygaid wedi mynd yn rhy ddrwg.'

Ond ni chlywodd y dywysoges, am ei bod yn fyddar.

Yna aeth Gwên at y brenin.

'Eich Mawrhydi'r Brenin,' meddai.

'Pwy sydd yma?' gofynnodd y brenin.

Yna dywedodd Gwên ei hanes i gyd wrth y brenin, heb anghofio'r hyn a ddigwyddodd pan oedd ar goll yn y goedwig.

'Os dewch chi gyda mi i'r goedwig, Eich Mawrhydi, fe ddangosa i'r goeden i chi, ac fe gewch chithau roi'r gwlith ar eich llygaid, ac fe fyddwch yn gweld cystal ag erioed.'

Fore trannoeth roedd y brenin a Gwên a llawer o filwyr ar eu ffordd i'r goedwig fawr lle'r oedd y goeden ryfedd yn tyfu.

Wedi cyrraedd, casglodd y brenin y gwlith oedd ar ddail y goeden a'i roi ar ei lygaid. Mewn eiliad gallai weld cystal â'r cudyll neu'r barcud.

Ar ôl dychwelyd i'r plas cafodd Gwên ddigonedd o aur ac arian gan y brenin am ei helpu i gael ei olwg yn ôl.

Ond allai'r brenin ddim bod yn gwbwl hapus tra oedd y dywysoges yn fyddar, ac un diwrnod dywedodd wrth Gwên,

'Os gelli di wneud i'm merch glywed fel merched eraill, fe gei di ei phriodi ac fe roddaf hanner fy nheyrnas i ti.'

Yna cofiodd Gwên am yr hyn a ddywedodd y llwynog yn y goedwig, a dywedodd wrth y brenin am godi'r garreg fawr oedd o flaen yr allor yn yr eglwys.

Gwnaeth y brenin hynny, ac yno o dan y garreg roedd ffynnon o ddŵr clir fel y grisial.

Yna dywedodd Gwên wrth y dywysoges am olchi ei chlustiau â'r dŵr, a chyn pen winc medrai glywed y sŵn lleiaf.

Yn awr roedd pawb yn llawen, a chyn bo hir priodwyd Gwên a'r dywysoges. Cadwodd y brenin ei air a chafodd Gwên hanner ei deyrnas yn anrheg briodas ganddo. Yn awr roedd y bachgen tlawd o'r wlad yn gyfoethog, yn hapus ac yn enwog.

Ond ymhen tipyn daeth Gwg yn ôl o'r rhyfel. Doedd e ddim wedi gwneud ei ffortiwn. Yn wir roedd e'n dlotach nag erioed, a phan glywodd fod ei frawd yn awr yn frenin ar hanner y wlad, aeth ato a gofyn iddo,

'Sut yn y byd y daethost ti yn gyfoethog fel hyn, a sut y llwyddaist ti i gael merch y brenin yn wraig?'

Ac meddai Gwên wrtho, gan gofio bod Gwg wedi ei adael ar ei ben ei hunan ynghanol y goedwig,

'Fe ddringais i ben coeden un noson, ac fe wrandewais ar yr anifeiliaid gwylltion yn siarad â'i gilydd. Dos dithau a gwna di'r un peth.'

Aeth Gwg ar ei union yn ôl i'r goedwig. Dringodd i ben y goeden ryfedd pan ddaeth y nos, ac eisteddodd ar gangen i wrando.

Cyn hir daeth yr arth a'r llwynog a'r blaidd at fôn y goeden a dechrau siarad â'i gilydd. Ond siaradent mor ddistaw fel na allai Gwg ddeall yr un gair. Plygodd ei ben i wrando eto, a dyna sut y bu iddo gwympo o ben y goeden.

Does neb yn siŵr beth ddigwyddodd iddo wedyn. Mae rhai'n dweud bod yr anifeiliaid gwylltion wedi ei larpio. Beth bynnag, welodd neb mohono byth ar ôl hynny.

ŶCH CHI'N COFIO?

1. Beth oedd enw'r bachgen creulon, angharedig?
2. I ble y penderfynodd y ddau frawd fynd?
3. Pam nad oedd Gwg yn fodlon i Gwên fynd gydag e?
4. Pam yr aeth Gwên i ben y goeden?
5. Sut y cafodd Gwên ei olwg yn ôl?
6. Pam na allai Gwên frysio ar ei ffordd i blas y brenin?
7. Ble'r oedd y dywysoges pan welodd Gwên hi gyntaf?
8. Beth oedd o dan y garreg yn yr eglwys?
9. Beth oedd yn tyfu yng ngardd y plas?
10. Beth sydd ar y dail yn y bore?

A FEDRWCH ATEB?

A.

Dyma eiriau i'w rhoi yn y bylchau yn y brawddegau: fud, fyddar, dall, cloff, afiach, ddannoedd, foel, annwyd.

1. Am fod yr hen ŵr yn _____ ni allai glywed dim.
2. Ni allai'r bachgen _____ redeg cystal â'r plant eraill.
3. Aeth y ferch i dynnu ei dant am fod y _____ arni.
4. Roedd y dyn wedi colli ei wallt ac roedd yn hollol _____.
5. Pan gefais _____ roeddwn yn peswch drwy'r dydd.
6. Roedd gan y dyn _____ gi i'w dywys ar y ffordd.
7. Am ei fod yn _____ ni allai ddweud yr un gair.
8. Ar ôl bod yn _____ yn hir cafodd y bachgen fynd ar ei wyliau i lan y môr.

B.

9. Ble mae'r brenin yn byw?
10. Ble mae'r sipsiwn yn byw?
11. Beth yw enw cartref yr Indiad Coch?
12. I ble mae dynion claf yn cael mynd?
13. Ble y cynhelir eisteddfod neu gyngerdd?
14. Beth yw enw cartref y fuwch?
15. Beth yw enw cartref y ceffyl?

plas y brenin

carafán

bwthyn

pabell yr arab

tîpi

cartrefi yn Affrica

iglw

caban coed

TRIP I LAN Y MÔR

Sut y byddai pobl yn mynd am drip i lan y môr,
cyn bod yr un bws yn y wlad? Wyddoch chi?

Wel, fe glywais Mam-gu'n dweud ei bod hi
wedi bod am drip i lan y môr lawer gwaith
mewn gambo fawr a dau geffyl yn ei thynnu.

'Rwy'n cofio unwaith, pan oeddwn i tua
naw oed,' meddai Mam-gu, 'gwaeddodd fy
Mam arna i am chwech o'r gloch y bore.
Codais o'r gwely ar unwaith oherwydd
gwyddwn mai hwn oedd diwrnod mawr y trip
i lan y môr!

Rhedais i'r ffenest i weld sut fore oedd hi.

70

Gwelais fod yr haul wedi codi. Roedd hi'n mynd i fod yn ddiwrnod braf!

Wedi gwisgo fy ffrog haf a mynd i lawr i'r gegin gwelais fod Mam yn brysur iawn yn rhoi bwyd mewn basged fawr. Dwy neu dair torth wenith fawr, hanner cosyn o gaws, menyn, jam, cacennau o bob math a dwy deisen afalau. Gwyddwn mai 'Nhad a Wil y gwas fyddai'n bwyta'r rhan fwyaf o'r ddwy deisen, am fod y ddau'n hoff iawn ohonyn nhw.

Wrth fwyta fy mrecwast, edrychwn allan drwy'r ffenest a gwelwn Wil y gwas a 'Nhad yn dod â'r ceffylau o'r stabl, ac yn tynnu'r gambo o'r cartws.

Erbyn saith o'r gloch roedd pawb yn barod i gychwyn. Yn y gambo yn awr roedd 'Nhad, Mam, Wil y gwas, Nel y forwyn, Iwan a Gwen Tŷ'n Fron a'u tad a'u mam—a minnau.

Byddai teulu Tŷ'n Fron yn dod gyda ni i lan y môr bob blwyddyn am eu bod yn gymdogion i ni, a hefyd am eu bod yn ein helpu ar y fferm amser cynhaeaf.

Gwaeddodd 'Nhad, 'Ji-yp' ar y ceffylau ac i ffwrdd â ni. Roedd taith o saith milltir o'n blaen cyn cyrraedd glan y môr yn Llan-grannog.

Cerdded a wnâi'r ceffylau ac felly caem ddigon o amser i weld popeth ar y daith.

Byddai 'Nhad yn dweud enwau'r ffermydd wrth fynd heibio wrthon ni a byddai Wil y gwas

71

yn codi'i law ar bawb a oedd wedi codi'n ddigon bore i'n gweld yn mynd heibio yn y gambo.

Weithiau deuem at riw fawr, serth. Byddai'r dynion yn mynd i lawr o'r gambo bryd hynny ac yn cerdded wrth ei hymyl, er mwyn gwneud y llwyth yn fwy ysgafn i'r ceffylau ar y rhiw.

Ymhen dwy awr bron, fe ddaethon ni i olwg y môr a thraeth melyn Llangrannog.

'Wo-ho!' gwaeddodd 'Nhad ar y ddau geffyl, o flaen hen dafarn y Pentre. Daeth pawb i lawr o'r gambo, tynnwyd y ceffylau'n rhydd a'u rhoi yn stabl y dafarn nes bydden ni'n barod i gychwyn y daith yn ôl.

Wedyn aeth pawb yn llawen iawn tua glan y môr. Rhedodd Iwan a Gwen a minnau'n droednoeth ar hyd y tywod ond aeth y gwragedd ati ar unwaith i baratoi bwyd. Taenodd Mam liain gwyn, glân ar y tywod, a chyn bo hir roedd naw ohonon ni'n eistedd o'i gwmpas yn bwyta, ac yn siarad ac yn chwerthin.

Diwrnod bythgofiadwy oedd hwnnw! Gallwn adrodd llawer rhagor o hanes y dydd. Gallwn ddweud am y trip a gawson ni yn y cwch, a sut y bu i Gwen a Nel y forwyn ddioddef o salwch môr am dipyn bach.

Gallwn adrodd yr hanes am Iwan yn mynd ar gefn yr asyn bach hwnnw am geiniog, ac fel

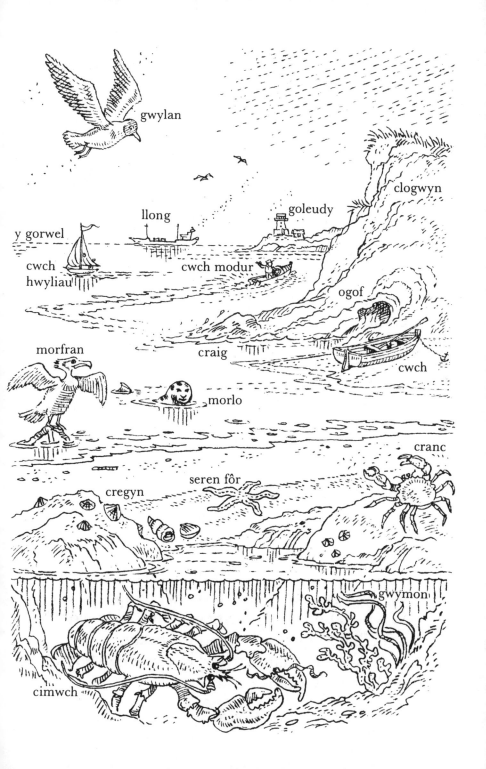

gwylan

clogwyn

llong   goleudy

y gorwel

cwch
hwyliau   cwch modur

ogof

morfran   craig   cwch

morlo

cranc

cregyn   seren fôr

gwymon

cimwch

y stopiodd y creadur styfnig ymhen draw'r traeth a gwrthod dod ag e'n ôl!

Ac wrth gwrs, rhaid imi beidio ag anghofio'r hen bysgotwr hwnnw a werthodd ddwsin o sgadan i Mam. Tudur oedd ei enw, ac fe ddywedodd wrth Gwen a minnau mai gwallt merched y môr, neu'r môr-forynion, oedd y gwymon gwyrdd oedd yn chwifio'n ôl ac ymlaen yn y dŵr.

Am bump o'r gloch roedd yn rhaid i ni gychwyn y daith tuag adre.

Rhoddwyd y basgedi a'r llestri yn ôl yn y gambo unwaith eto a thynnwyd y ddau geffyl allan o stabl y dafarn.

Yna neidiodd pawb i'r gambo ac i ffwrdd â ni. Wil y gwas oedd yn gyrru yn awr a 'Nhad yn smocio'i bibell yn gysurus yn ei ymyl. Wrth ddringo'r rhiw allan o Langrannog edrychai pawb yn ôl yn hiraethus ar y tywod a'r traeth. Deuai dwy neu dair gwylan i'n dilyn ar ein taith, fel pe baen nhw'n methu ffarwelio â ni.

Ar y ffordd adre bu Gwen Tŷ'n Fron a minnau'n rhifo faint o gregyn, gwynion glân y môr oedd gennym.

Ar ôl cyrraedd adre'n ddiogel cefais i fynd i'r gwely'n gynnar. Ond bu rhaid i 'Nhad, Mam, Wil a Nel odro'r gwartheg wedyn, a bwydo'r anifeiliaid i gyd cyn mynd i'r gwely.'

A dyna i chi hanes trip i lan y môr cyn bod yr un bws yn y wlad.

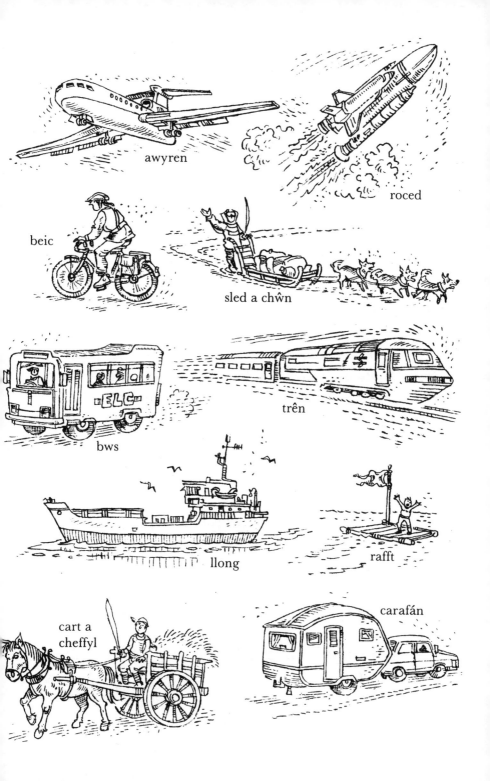

awyren

roced

beic

sled a chŵn

bws

trên

llong

rafft

cart a cheffyl

carafán

ÝCH CHI'N COFIO?

1. Pwy oedd yn dweud y stori am y trip i lan y môr?
2. Faint oedd oed Mam-gu pan aeth hi i lan y môr yn y gambo?
3. Am faint o'r gloch y galwodd ei mam arni?
4. Beth oedd ei mam yn ei wneud pan ddaeth hi i lawr i'r gegin?
5. Sawl ceffyl oedd yn tynnu'r gambo?
6. Sawl plentyn aeth yn y gambo i lan y môr?
7. Pwy oedd yn gyrru'r ceffylau ar y ffordd i Langrannog?
8. Pwy oedd yn eu gyrru ar y ffordd yn ôl?
9. Pwy ddywedodd wrth y plant mai gwallt môr-forynion oedd y gwymon?
10. Beth oedd y merched yn ei wneud ar y ffordd adre?

A FEDRWCH ATEB?

1. Beth yw enw'r planhigyn gwyrdd sy'n tyfu yn y môr?
2. Beth yw enw'r twll mawr, tywyll yn y graig?
3. Beth sy'n rhybuddio morwyr fod creigiau'n agos?
4. Enwch ddau aderyn sy'n byw ar lan y môr.

5. O beth y bydd plant yn gwneud castell ar lan y môr?
6. Creigiau wedi eu malu'n fân gan y môr yw tywod. Beth yw cregyn?
7. Enwch ddau o greaduriaid y môr a welwn ar y traeth.
8. Beth sy'n gyrru cwch hwyliau?
9. Beth yw ewyn y môr?
10. Beth yw'r gorwel?

GADEWCH I NI SIARAD

(a) Doedd dim sôn yn stori Mam-gu am hufen iâ. Pam?
(b) P'un fyddai orau gennych chi—mynd i lan y môr mewn bws neu mewn gambo? Dywedwch pam.
(c) Ym mha ffordd y mae cwch modur yn well na chwch hwyliau?
(ch) Pam mae cymaint o ogofeydd ar lan y môr?
(d) Sut mae'r goleudy yn help i'r llongau? A wyddoch chi am bethau heblaw goleudai i rybuddio llongau o berygl?

FFARWÉL I'R HAF

Pa beth y mae'r awel yn ddweud
Wrth ddail y coed uwch fy mhen?
Mae ganddi newyddion drwg—
'Mae'r haf wedi dod i ben.'

Beth mae'r nant yn ei ddweud wrth yr hesg
Ar waelod y Feidir Wen?
Yr un yw ei stori drist—
'Mae'r haf wedi dod i ben.'

Beth mae'r môr yn ei ddweud wrth y traeth
Lle gynnau bu sŵn y plant?
Yr un ydyw stori'r môr
A stori'r awel a'r nant.

Beth yw cleber ar grib y to
Lle mae'r gwenoliaid yn rhes?
'Mae'r haf wedi bod i ben,
A darfu'r heulwen a'r tes.

'Mae'r haf wedi dod i ben',
Yr un yw'r stori bob tro,
Yr adar, yr awel a'r nant—
Rhaid imi eu coelio sbo.

Y GWDI-HŴ

Pan fo'r coed yn ddistaw
A'r awel yn oer,
A'r barrug dros y caeau
Yng ngolau'r lloer,

Pan fo pawb yn cysgu
A'r ieir ar y glwyd,
Daw'r hen dylluan allan
I chwilio bwyd.

Pan fo'r tŷ yn dywyll
A'r cathod a'r cŵn
O'r diwedd wedi blino
Ar gadw sŵn,

Pan fo'r heol lydan
Heb 'glep' yr un droed,
Bydd cri yr hen dylluan
Draw yn y coed.

Gorweddaf yn y gwely
Mewn dychryn ac ofn,
Hithau'n dal i grio'n
Y goedwig ddofn.

Pam nad ei di i gysgu
Yr hen gwdi-hŵ?
Mae'r cloc yn taro deuddeg—
'TW—WHIT-TW-HŴ-HV

Y BABAN YN Y DELYN

Un tro roedd brenin, brenhines a'u baban bach yn byw yn hapus iawn mewn castell yn y gogledd.

Geneth fach oedd y baban, ac roedd hi'n dlws dros ben. Gwenai ar bawb a ddeuai i'r castell i'w gweld, a dywedai pawb mai hi fyddai'r dywysoges harddaf yn y byd ar ôl iddi dyfu'n fawr.

Ond un diwrnod bu'n rhaid i'r brenin fynd ymaith i ymladd yn erbyn ei elynion. Gadawodd y castell yng ngofal rhai o'i weision ffyddlon, gan ddweud wrthyn nhw am ofalu na fyddai dim drwg yn digwydd i'r frenhines a'r eneth fach, tra byddai ef i ffwrdd.

Ond un noson, pan oedd y frenhines a'i morynion yn eistedd yn neuadd y castell yn gwrando ar hen delynor y brenin yn canu hen alawon y wlad honno, clywsant sŵn ceffylau yn nesáu at y castell.

Safodd pawb i wrando. Roedd hi'n noson stormus. Chwyrnai'r gwynt yn y coed y tu allan; ond gallent glywed sŵn y ceffylau, serch hynny, yn dod yn nes o hyd.

Yna clywsant guro mawr ar y drws ac aeth y frenhines cyn wynned â'r galchen. Pan aeth y gweision i agor y drws i weld pwy oedd yno, rhuthrodd milwyr dieithr i mewn i'r neuadd. Gelynion y brenin oedden nhw, ac roedd cleddyf noeth yn llaw pob un.

Ymladdodd gweision y brenin yn ddewr ond yn ofer. Cyn bo hir gorweddai'r rhan fwyaf ohonyn nhw ar lawr y neuadd, wedi eu lladd neu eu clwyfo'n dost.

'Y baban!' gwaeddodd y frenhines, 'Gofalwch am y baban!'

Ond cydiodd un o'r milwyr ynddi cyn iddi gael cyfle i ddweud rhagor a mynd â hi ymaith yn garcharor.

Yng nghanol y gweiddi a'r sŵn ymladd, aeth yr hen delynor allan o'r neuadd heb i neb sylwi, ac aeth i'r ystafell lle'r oedd y baban yn cysgu'n dawel drwy'r cyfan.

Gwyddai pe byddai'n gadael yr eneth fach yno, y byddai'r milwyr dieithr yn siŵr o'i lladd. Ond sut y gallai fynd â hi allan o'r castell heb i'r gelynion ei weld? Sut y gallai ei chuddio?

Yna daeth syniad rhyfedd i'w ben.

'Fe wn i beth wna i,' meddai, 'fe'i cuddiaf hi yn seinfwrdd y delyn.'

Er mwyn i chi gael deall yn iawn, gwell i chi edrych eto ar y llun ar ddechrau'r stori, ac fe welwch ym mha le y cuddiodd y telynor y baban.

Er bod ganddo delyn fawr, nid oedd ond prin digon o le i'r eneth fach yn y seinfwrdd, a chyn gynted ag y llwyddodd i'w gwthio i mewn, dyma hi'n dechrau crio!

Ni wyddai'r hen delynor beth i'w wneud.

Clywodd sŵn traed y milwyr creulon yn dod yn nes at ddrws yr ystafell. Fe geisiodd siglo'r delyn, ond dal i grio a wnâi'r eneth fach. Yna agorodd y drws. Eisteddodd yr hen delynor ar gadair a dechrau tynnu ei fysedd ar hyd tannau'r delyn.

Daeth pennaeth y milwyr i mewn.

'A! Telynor!' meddai. Edrychodd o gwmpas yr ystafell.

'Roeddwn i'n meddwl imi glywed sŵn baban yn crio yn yr ystafell yma? Ble mae merch y brenin?'

'Wn i ddim,' meddai'r telynor, gan ddal i ganu'r delyn rhag ofn i'r pennaeth glywed sŵn crio.

Ond roedd yr eneth fach wedi tawelu erbyn hyn.

'Rwyt ti'n un o wŷr y brenin,' meddai'r pennaeth yn sarrug. 'Cystal i mi dy ladd dithau, fel y lladdwyd y lleill.'

'Rwy i'n hen iawn,' atebodd y telynor. 'Ni fyddai fy lladd i yn dwyn clod i ti. Peth arall, ni alla i wneud dim drwg i ti. Gwneud miwsig yw fy ngwaith i, nid ymladd.'

'O'r gore,' meddai'r pennaeth o'r diwedd, 'fe gei di fynd yn rhydd. Ond dos ar unwaith oddi yma, rhag ofn i mi newid fy meddwl.'

Cododd y telynor ei delyn ar ei gefn ac allan ag e i'r nos.

Cerddodd drwy'r nos honno yn y gwynt a'r glaw, a'r dywysoges fach yn cysgu'n dawel tu mewn i seinfwrdd y delyn fawr.

Pan ddaeth y bore fe giliodd y glaw a thawelodd y gwynt.

Yna gwelodd y telynor dri dyn garw yr olwg yn dod i'w gyfarfod. Lladron oedden nhw.

'Aros!' gwaeddodd un ohonyn nhw. 'Faint o aur ac arian sydd gen ti?'

'Telynor tlawd ydw i,' meddai'r hen ŵr, 'does gen i ddim dimai goch.'

Ar ôl edrych yn ei bocedi bob un, gwelodd y lladron ei fod yn dweud y gwir.

'Ond mae gennyt ti delyn,' meddai un arall o'r lladron, 'fe ellid cael pris da am delyn fawr fel hon.'

'Na! Na!' gwaeddodd yr hen ŵr. 'Peidiwch â dwyn fy nelyn. Dyma'r unig gysur sydd gen i yn y byd.'

Chwarddodd y lladron am ei ben. Cydiodd un ohonyn nhw yn y delyn a'i thynnu'n drwsgl oddi ar ei gefn. Wrth wneud hynny cwympodd y delyn i'r llawr.

Dihunodd y baban ar unwaith a dechrau crio'n uchel.

Edrychodd y tri lleidr ar ei gilydd mewn ofn a syndod.

'Mae'r delyn yn crio!' gwaeddodd un â'i wyneb yn welw.

'Telyn y Tylwyth Teg yw hi!' gwaeddodd y llall, â'i ddau lygad led y pen.

'Dewin yw'r telynor yma,' meddai'r llall mewn llais crynedig, 'maddeuwch i ni, syr, am fod mor ffôl â cheisio dwyn eich telyn. Wydden ni ddim . . . yn wir, syr.'

Yna dechreuodd y tri redeg nerth eu traed i lawr y ffordd, a chyn bo hir aethant o'r golwg yn y pellter.

Gwenodd yr hen delynor. Yna cododd ei delyn ar ei gefn eto ac ymlaen ag e ar ei daith.

Ar ôl bod ar daith am ddiwrnod a noson arall, cyfarfu â byddin y brenin yn dod i'w gyfarfod. Roedden nhw ar eu ffordd tua thre ar ôl ennill brwydr fawr.

Adroddodd y telynor yr hanes i gyd wrth y brenin, a thynnodd y dywysoges fach allan o'r delyn fawr. Cyn gynted ag y daeth allan i olau dydd, gwenodd yn hapus ar bawb. Cydiodd y brenin ynddi a'i gwasgu'n dynn at ei fynwes.

'Fe fydd arna i ddyled i ti am byth am achub fy ngeneth fach,' meddai'r brenin wrth y telynor 'Ond fy ngwraig? Beth am y frenhines?'

Dywedodd y telynor ei bod yn garcharor gyda gelynion y brenin. Cyn gynted ag y clywodd hynny, trodd y brenin at ei fyddin. 'Rhaid i ni ymladd eto, i ryddhau'r frenhines.'

A gwaeddodd y milwyr gyda'i gilydd i gyd, 'Rhaid i ni ryddhau'r frenhines!'

Ac felly y bu. Cyn pen wythnos roedd y brenin wedi concro'i elynion i gyd, ac wedi cael y frenhines yn ôl i fyw gydag ef a'r dywysoges fach yn y castell.

Cafodd yr hen delynor fyw gyda nhw hefyd, hyd ddiwedd ei oes, a phob nos, yn neuadd fawr y castell, canai hen alawon i lonni calon pawb a'i clywai.

ÝCH CHI'N COFIO

1. Ble'r oedd y brenin, y frenhines a'r dywysoges yn byw?
2. I ble'r aeth y brenin un diwrnod?
3. Pwy oedd yn canu hen alawon yn neuadd y castell?
4. Pwy oedd yn curo wrth ddrws y castell?
5. Ble cuddiodd y telynor y baban?
6. Pwy ddaeth i gwrdd â'r telynor ar y ffordd?
7. Pam y credai'r lladron mai telyn hud oedd y delyn?
8. Beth wnaeth y lladron ar ôl clywed sŵn crio?
9. Pam roedd y brenin yn ddiolchgar i'r telynor?
10. Ble'r oedd castell y brenin?

A FEDRWCH ATEB?

Sylwch ar y rhain: Un sy'n canu'r delyn— telynor. Un sy'n ffermio—ffermwr. Yn awr gwnewch chi'r rhain.

(a) Un sy'n gweithio _____ (b) Un sy'n arwain _____ (c) Un sy'n pregethu _____ (ch) Un sy'n barddoni _____ (d) Un sy'n torri glo dan y ddaear _____ (dd) Dyn sy'n pobi bara _____ (e) Dyn sy'n crwydro o le i le _____ (f) Un sy'n anfon newyddion i'r papurau _____ (ff) Un sy'n rhedeg _____

Rhowch y geiriau hyn yn y bylchau: dannau, dywysoges, neuadd, pennaeth, gelynion, alawon, telynor, gogledd, byddin, frwydr.

1. Pan fo'r gwynt yn chwythu o'r _____ cawn dywydd oer.
2. Trigai'r _____ yn y plas gyda'r brenin.
3. Bydd cyngerdd yn y _____ nos yfory.
4. Cafodd llawer o filwyr eu lladd yn y _____ fawr.
5. Byddai'r _____ yn mynd â'i delyn gydag ef i bob man.
6. Rhoddodd y telynor ei fysedd ar _____'r delyn.
7. Canwyd llawer o hen _____ yn y noson lawen.
8. Roedd _____ y brenin yn ceisio ei ladd.
9. Un o'r dynion mwyaf pwysig yn y wlad oedd y _____.
10. Enillodd _____ y brenin y frwydr yn hawdd.

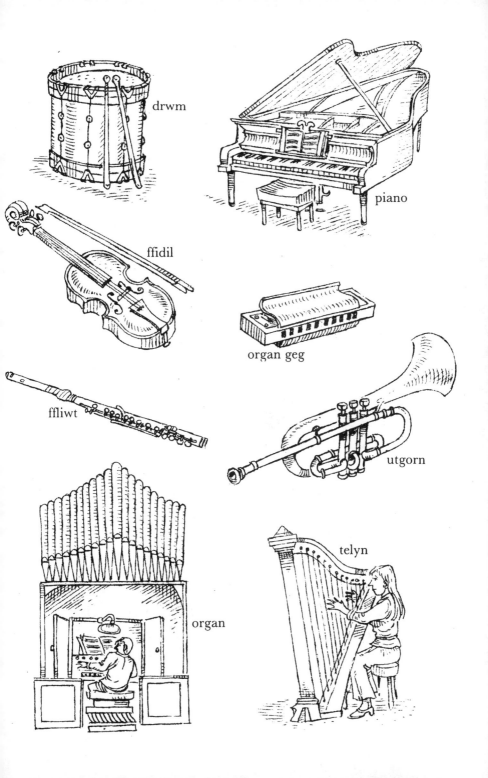

drwm

piano

ffidil

organ geg

ffliwt

utgorn

organ

telyn

PWY SY'N HOFFI'R GLAW?

'Rwyf fi'n hoffi'r glaw,' meddai'r hwyad wen,
Wrth weld y cymylau du yn y nen;
'Does dim yn well gan hwyad, rwy'n siŵr,
Na digon o laid a digon o ddŵr.'

'Rwyf fi'n hoffi'r glaw,' meddai hithau'r nant,
Wrth redeg dan ganu i lawr i'r pant;
'Os caf o'r cymylau ddigonedd o law
Mi dyfaf yn afon fawr maes o law.'

'Rwyf fi'n hoffi'r glaw,' meddai'r brithyll brych,
'Mae'n gas gen i heulwen a thywydd sych.
Rhowch i mi'r curlaw a'r afon yn lli,
Ac yna bydd digon o fwyd i mi.'

'Rwyf fi'n hoffi'r glaw,' meddai Twm Blaen-
  tir,
'Mae gennyf fi wialen a llinyn hir,
Ac os daw y curlaw i lwydo'r dŵr,
Mi ddaliaf fi'r brithyll yna rwy'n siŵr!'

CHWILIO CARTREF

Amser maith yn ôl cyfarfu'r ysgyfarnog a'r gwningen ar hen ros unig.

'Bore da,' meddai'r gwningen yn gwrtais.

'Bore da,' atebodd yr ysgyfarnog braidd yn swta, 'rwy i ar frys ...'

'Wyddost ti,' meddai'r gwningen, 'rwyt ti a mi yn perthyn i'n gilydd, ac fe ddylen ni weld ein gilydd yn fwy aml o lawer. Fe ddylet ti ddod i'n tŷ ni i roi tro amdana i, ac fe ddylet ti fy ngwahodd innau i'th gartre di ambell dro. Dyna fel y bydd perthnasau yn arfer gwneud.'

'Ond, does gen i ddim cartre,' meddai'r ysgyfarnog.

'Dim cartre!' Edrychoddd y gwningen yn syn. 'Gwarchod pawb!'

'Wel,' meddai'r ysgyfarnog, 'mae gen i wâl yng nghanol yr eithin, wrth gwrs, ond does dim lle i neb ond fi yn honno.'

'Wel, wel!' meddai'r gwningen. 'Rwy'n dechrau amau a wyt ti'n perthyn i'n teulu ni wedi'r cyfan. Mae gan bob un ohonon ni gartre. Mae gan sipsiwn hyd yn oed gartrefi. Wn i ddim am neb heb gartref, ond ambell hen drempyn efallai.'

Dechreuodd yr ysgyfarnog deimlo'n anesmwyth. Doedd hi ddim yn fodlon i neb ddweud ei bod hi'n debyg i drempyn. Ond doedd hi ddim am ddangos dim i'r gwningen.

'Does dim eisiau cartre arna i. Rwy'n gallu cysgu'n iawn yn y rhedyn a'r gwellt . . .'

'Dyna'n union fel y bydd pob hen drempyn yn cysgu,' atebodd y gwningen yn wawdlyd. 'Pam nad ei di ati i wneud cartre iawn i ti dy hunan?'

Ar ôl i'r gwningen fynd a'i gadael, bu'r ysgyfarnog yn meddwl o ddifri am yr hyn a ddywedodd. Nid oedd wedi teimlo erioed o'r blaen fod angen cartre arni hi.

Ond wedi meddwl, fe fyddai'n braf cael cartre i chi eich hun. Fe allech wahodd eich cyfeillion a'ch perthnasau i roi tro amdanoch wedyn.

Yn sydyn, dechreuodd yr ysgyfarnog deimlo'n unig. Edrychodd o'i chwmpas, a'r cyfan a welodd oedd hen ros ddistaw heb enaid byw yn y golwg yn unman.

'Rwy'n mynd i gael cartre fel pawb arall,' meddai'r ysgyfarnog yn benderfynol.

Ar ôl penderfynu cael cartre, y peth nesaf i'w wneud oedd dewis pa fath gartref fyddai orau iddi hi.

Yn gyntaf, aeth at ei pherthnasau, y cwningod, i weld sut gartrefi oedd ganddyn nhw.

Cafodd groeso mawr gan y rheini. Arweiniwyd hi drwy dwnnel cul i mewn i ystafell dywyll o dan y ddaear. Wrth fynd drwy'r twnnel syrthiai pridd a cherrig mân ar ei chefn, a theimlai'n annifyr iawn. Ni allai weld fawr o ddim, ac ar ôl bod yno am rai munudau hiraethai am gael mynd yn ôl i'r rhos, lle'r oedd awel a haul a golau dydd.

Pan ddaeth hi allan o gartre'r cwningod roedd hi wedi penderfynu na fyddai byth yn byw mewn twll tywyll dan y ddaear.

Dywedodd rhywun wrthi fod y dylluan yn aderyn doeth, ac un prynhawn aeth i lawr i'r coed i'w gweld.

'Os gweli di'n dda,' meddai wrth y dylluan,

'does gen i ddim cartre. Elli di ddweud wrthyf fi sut gartre fyddai orau i mi?'

'Pam na ddewisi di gartref fel sydd gen i?' meddai'r dylluan.

'Oes gen ti gartre da?' gofynnodd yr ysgyfarnog.

'Gwell i ti ddod i fyny yma i ti gael ei weld.'

Neidiodd yr ysgyfarnog i ben y goeden a gwelodd dwll mawr yn y boncyff.

'Gwell i ti fynd i mewn,' meddai'r dylluan.

Aeth yr ysgyfarnog i mewn i'r twll. Fe'i teimlodd ei hunan yn cwympo am dipyn. Yna disgynnodd ar lawr wedi ei orchuddio â dail. Wrth edrych i fyny gallai weld yr awyr trwy'r brigau. Ond deuai aroglau rhyfedd i'w ffroenau yn awr, a dechreuodd deimlo braidd yn sâl. Yn waeth na hynny, teimlodd ryw bryfed mân yn cerdded dros ei chorff.

Neidiodd allan i ben y gangen, ac oddi yno i'r llawr. Na, ni wnâi cartre tylluan y tro iddi hi.

Aeth wythnos heibio. Yna cyfarfu â'r llwynog ar ochr y mynydd. Dywedodd wrth hwnnw ei bod yn awyddus i gael cartre iddi ei hunan, ond ei bod yn methu'n lân â phenderfynu pa fath fyddai orau.

'A!' meddai'r llwynog ar unwaith, 'Rhaid i ti gael ffau fel sydd gen i. Coelia di fi, dyna'r cartre gorau yn y byd.'

'Diolch yn fawr,' meddai'r ysgyfarnog. Teimlai'n llawer mwy hapus yn awr.

'Wyddost ti,' meddai'r llwynog wedyn, 'fe wn i am ffau sy'n wag ar hyn o bryd. Ffau cefnder i mi oedd hi, ond fe gafodd ei ddal gan y cŵn hela ryw fis yn ôl. Tyrd gyda mi.'

Aeth y llwynog â'r ysgyfarnog gydag e, a dangosodd iddi dwll go fawr yn y graig ar waelod yr allt.

'Dyna ti,' meddai, 'dyma gartre newydd gwerth yr enw. Fe elli di fyw yma'n hapus hyd ddiwedd dy oes.'

'Diolch,' meddai'r ysgyfarnog, ond roedd y llwynog wedi mynd.

Aeth yr ysgyfarnog i mewn i'r ffau. Roedd y lle yma'n well na chartre'r cwningod, beth bynnag. Yn un peth, roedd mwy o le i symud. Roedd yn well na chartre'r dylluan hefyd gan nad oedd aroglau cas yn y ffau, na phryfed mân yn cerdded dros ei chorff i gyd.

'Ie, dyma fi o'r diwedd wedi cael cartre,' meddai'r ysgyfarnog wrthi ei hunan. Dechreuodd roi tipyn o drefn ar bethau.

Y noson honno cysgodd yn ei chartre newydd. Chysgodd hi ddim yn dda iawn chwaith. Ar ei gwâl ar y rhos byddai sŵn y gwynt yn y grug yn ei suo i gysgu, ond fan yma nid oedd unrhyw sŵn o gwbwl.

Pan ddihunodd fore trannoeth, penderfynodd fynd yn ôl i'r rhos am dro bach.

Ond druan ohoni, pan edrychodd i gyfeiriad genau'r ffau, gwelodd gi mawr yn sefyll yno, a'i glustiau i fyny.

Oedd y ci yn gwybod ei bod hi yno? Fyddai yn mynd ymaith cyn bo hir?

Ond aros yn ei unfan â'i glustiau i fyny a wnâi'r ci.

Yn sydyn, gwyddai'r ysgyfarnog mai cartre peryglus i fyw ynddo oedd y ffau. Nid oedd ganddi le i ddianc.

'Pe bai hyn wedi digwydd pan oeddwn i'n byw ar y rhos,' meddai, 'fe fyddwn wedi gadael y ci ymhell ar ôl erbyn hyn.'

Aeth amser heibio, ond ni symudodd y ci o enau'r ffau. Yna penderfynodd yr ysgyfarnog ei bod yn mynd i geisio dianc. Byddai'n rhaid iddi fynd heibio i'r ci, wrth gwrs, ond os cymerai naid sydyn, efallai y gallai osgoi ei ddannedd miniog.

'Os galla i wneud hynny,' meddai, 'ddo i byth yn ôl i'r lle peryglus yma.'

Yna rhoddodd un sbonc fawr tua genau'r ffau, a heibio i'r ci. Erbyn i hwnnw gael amser i droi ei ben, roedd hi'n rhedeg i fyny'r llethr tua'r rhos.

Ac ar y rhos y bu hi'n byw byth wedyn, yn ddigartre, ond yn rhydd ac yn hapus serch hynny.

ŶCH CHI'N COFIO

1. Pwy ddywedodd ei bod hi'n perthyn i'r ysgyfarnog?
2. Pam y dywedodd y gwningen fod yr ysgyfarnog yn debyg i drempyn?
3. Sut y teimlai'r ysgyfarnog ar ôl i'r gwningen fynd?
4. Pam nad oedd yr ysgyfarnog yn hoffi cartre'r cwningod?
5. Pwy oedd yn byw ym moncyff y goeden?
6. Pam yr aeth yr ysgyfarnog i ofyn i'r dylluan?
7. Ble y cyfarfu'r ysgyfarnog â'r llwynog?
8. Pam na allai'r ysgyfarnog gysgu'n dda iawn yn y ffau?
9. Pwy oedd yn sefyll yng ngenau'r ffau'r fore trannoeth?
10. Beth wnaeth yr ysgyfarnog ar ôl dianc o'r ffau?

A FEDRWCH ATEB?

Rhowch y geiriau hyn yn y bylchau: moncyff, ffau, nyth, gwâl, grug, lethr, arogl, ngenau, twnnel, awel.

1. Safai'r ffermdy unig ar ＿＿＿ y mynydd.
2. Gwnaeth y wiwer ei chartre ym ＿＿＿＿＿ yr hen dderwen.

3. Roedd yr ardd i gyd yn llawn o _____ blodau.
4. Lliw porffor sydd i flodau'r _____.
5. Gwelais y trên yn diflannu i mewn i'r _____.
6. Pan edrychais yn y _____ gwelais bump o wyau gleision.
7. Wedi dianc rhag y cŵn aeth y llwynog yn ôl i'w _____.
8. Safai'r môr-leidr yng _____ 'r ogof.
9. Daeth _____ heibio i ysgwyd dail y coed.
10. Pan orweddai'r ysgyfarnog ar ei _____ ni allai neb ei gweld.

Roedd dannedd miniog gan y ci.

Mae'r gair *miniog* yn dweud wrthon ni sut ddannedd oedd gan y ci.

Geiriau disgrifio fel *miniog* yw: goediog, caredig, creulon, lawen, prydferth, diddorol, heulog, stormus, ffyddlon, doeth.

Ellwch chi roi'r geiriau sy'n ffitio orau yn y bylchau?

(a) Mae gan y bugail gi _____ iawn.
(b) Trigai hen wraig _____ yn y bwthyn bach.
(c) Cawson ni ddiwrnod _____, braf i fynd i lan y môr.
(ch) Ar ambell noson _____ clywn y gwynt yn chwiban yn nhwll y clo.

99

(d)   Darllenais lyfr _____ iawn ddoe.

(dd) Roedd llun _____ ar y mur.

(e)   Aderyn _____ yw'r dylluan.

(f)   Bydd Noson _____ yn y neuadd nos
yfory.

(ff) Anifail _____ yw'r blaidd.

(g)   Gwlad _____ iawn oedd Cymru
'slawer dydd.

Y TRI DYMUNIAD

Un bore, amser maith yn ôl, aeth coediwr
tlawd allan i dorri coed tân yn y goedwig. Bu'n
gweithio'n galed drwy'r bore, yna cododd ei
fwyell fawr ar ei ysgwydd ac aeth tua thre i gael
ei ginio.

Ond pan oedd yn cerdded trwy'r goedwig
clywodd lais bach gwan yn gweiddi arno. Wedi
edrych yn fanwl gwelodd hen ddyn bach, bach
yng nghanol llwyn o ddrain.

'Tyn fi'n rhydd! Tyn fi'n rhydd!' gwaedd-
odd y dyn bach. Gwelodd y coediwr fod

pigau'r drain wedi cydio yn nillad y dyn bach, a thynnodd ef yn rhydd.

'Diolch i ti am wneud cymwynas â mi,' meddai'r corrach, 'ac yn awr fe gei di dy dalu am fy nhynnu'n rhydd o'r drain; fe roddaf dri dymuniad i ti. Pan ei di adre at dy wraig, rwy am i chi'ch dau ddewis tri pheth y carech eu cael, a beth bynnag a ddewiswch, fe'i cewch— fe ofala i am hynny. Ond cofia, bydd yn ofalus, oherwydd chewch chi ddim mwy na thri chynnig.'

Aeth y coediwr adref at ei wraig a dywedodd wrthi'r hanes am y dyn bach ac am y tri dymuniad.

Dechreuodd ei wraig ddawnsio o gwmpas y gegin yn ei llawenydd. 'Fe allen ni ddymuno cael llond y stafell yma o aur,' meddai, 'yna fyddai dim rhaid i ti fynd i dorri coed yn y goedwig bob dydd, a fyddai dim rhaid i minnau wisgo'r hen ddillad carpiog yma.'

Ac meddai'r coediwr,

'Fe allen ni ddewis cael plas mawr, hardd i fyw ynddo, â'i lond o weision a morynion. Ond mae eisiau bwyd arna i, gad i mi gael fy nghinio yn awr, fe gawn ni ddewis ar ôl bwyta.'

Gosododd ei wraig fowlen o laeth, torth o fara a darn caled o gaws ar y bwrdd ac eisteddodd y coediwr wrth y bwrdd i fwyta.

'O, mae'r hen fara 'ma'n sych,' meddai'r coediwr ar ôl dechrau bwyta, 'fe garwn i gael sosej fawr, flasus i'w bwyta gydag e yn lle'r hen gaws caled ma.'

Yr eiliad nesaf disgynnodd sosej fawr, dew ar y plat o'i flaen. Edrychodd y coediwr a'i wraig yn syn arni.

'Ond ...!' meddai'r coediwr, ond cyn iddo ddweud dim rhagor dechreuodd ei wraig gadw sŵn.

'Yr hen ffŵl gwirion!' gwaeddodd. 'Dyna ti wedi gwastraffu un dymuniad yn barod. Y creadur twp! Fe garwn i weld y sosej 'na'n sownd wrth dy drwyn di!'

Cyn gynted ag y daeth y geiriau o'i genau neidiodd y sosej o'r plat a glynu wrth drwyn y coediwr druan. Edrychodd ei wraig arno mewn dychryn. Yna cydiodd yn y sosej a cheisiodd ei thynnu ymaith. Ond er iddi dynnu â'i holl nerth ni allai ei chael yn rhydd. O'r diwedd gwaeddodd ei gŵr,

'Paid! Gad lonydd i mi, rwyt ti'n 'y mrifo i! Wyt ti am dorri asgwrn fy nhrwyn?'

'Na, dydw i ddim am dy frifo di, ond rwy am gael yr hen sosej yna'n rhydd.'

Ar y gair, disgynnodd y sosej yn ôl ar y plat. Am funud safodd y gŵr a'r wraig yn edrych ar ei gilydd. Roedd y tri dymuniad wedi mynd. Aeth un pan ddywedodd y coediwr yn ddifeddwl y carai gael sosej i ginio. Aeth y llall pan ddywedodd ei wraig mewn tymer ddrwg y carai weld y sosej yn glynu wrth ei drwyn, ac aeth y trydydd a'r olaf pan ddywedodd y wraig ei bod am gael y sosej yn rhydd.

A dyma'r lle'r oedden nhw, a'r tri dymuniad wedi mynd, a'r coediwr a'i wraig mor dlawd ag erioed.

Bwytaodd y coediwr y sosej fawr ac aeth yn ôl i'r goedwig i dorri rhagor o goed, ac aeth ei wraig ati i wneud y gwaith tŷ fel arfer.

ŶCH CHI'N COFIO?

1. Am faint o amser y bu'r coediwr yn gweithio yn y goedwig?
2. I ble'r oedd e'n mynd pan glywodd lais yn gweiddi arno?
3. Beth oedd wedi digwydd i'r dyn bach?
4. Beth roddodd y dyn bach i'r coediwr am ei helpu?
5. Wrth bwy y dywedodd y coediwr yr hanes?
6. Beth wnaeth ei wraig pan glywodd y stori?
7. Beth gafodd y coediwr i fwyta gen ei wraig?
8. Beth oedd o'i le ar y bara a'r caws?
9. Pam y dywedodd y wraig y carai weld y sosej yn glynu wrth drwyn ei gŵr?
10. Beth wnaeth y wraig ar ôl i'r gŵr fynd yn ôl i'r goedwig?

A FEDRWCH ATEB?

Pa air yn y stori sy'n disgrifio'r coediwr?
Wel, y gair TLAWD. Yn awr fe gewch chi
ddweud pa eiriau sy'n disgrifio'r rhain: dillad
y wraig: _____; llais y dyn bach: _____; y drain:
_____; y bara: _____; y caws: _____; y sosej: _____.
Yna, rhowch eiriau da i ddisgrifio'r rhain:
diwrnod: _____; cinio: _____; llyfr:
_____; cyfaill: _____; cân: _____.

Llenwch y bylchau yn y brawddegau hyn:

1. Rhoddodd y coediwr y fwyell fawr ar ei
   _____ ac aeth tua thre.
2. Roedd y sosej wedi _____ wrth drwyn
   y coediwr.
3. Edrychodd y coediwr yn _____ a
   gwelodd y dyn bach.
4. Roedd gwraig y coediwr yn _____ cael
   llond y gegin o aur.
5. Edrychodd y coediwr a'i wraig yn
   _____ ar y sosej.
6. Dywedodd y coediwr yn _____ y carai
   gael sosej i ginio.
7. Roedd y ddau mor dlawd ag _____
   ar y diwedd.
8. Ceisiodd y wraig dynnu'r sosej yn rhydd
   â'i holl _____.
9. Gwnaeth y coediwr _____ â'r dyn
   bach trwy ei dynnu'n rhydd o'r drain.
10. Cafodd y coediwr ei ginio yn y _____.

105

Y BUGAIL BACH A'R CAWR

'Slawer dydd trigai bachgen o fugail yng ngwlad Israel. Bob dydd gofalai am ddefaid ei dad ar ochr y mynydd.

Er ei fod yn ifanc, roedd yn gryf o gorff ac yn ddewr, a gwyddai ei dad na ddeuai'r un niwed i'r defaid tra byddai Dafydd yn edrych ar eu hôl.

Roedd dau o frodyr Dafydd wedi mynd i ffwrdd i ymladd yn y rhyfel yn erbyn y Ffilistiaid, a phan fyddai'r defaid a'r ŵyn yn pori'n dawel, meddyliai'n aml amdanyn nhw. Oedden nhw'n fyw ac yn iach? Neu a oedden nhw wedi eu lladd neu eu clwyfo yn y rhyfel? Gwyddai fod ei dad yn gofidio amdanyn nhw hefyd, am nad oedd wedi clywed gair oddi wrthyn nhw ers amser.

Un bore dywedodd ei dad wrth Dafydd,

'Fe gaiff rhywun arall fugeilio'r defaid heddi. Rwy am i ti fynd i edrych am dy frodyr. Cymer y cydaid yma o ŷd a'r torthau hyn o fara, rhag ofn eu bod yn diodde o eisiau bwyd. A phan ddoi di o hyd iddyn nhw, brysia'n ôl i ddweud wrtha i.'

Cychwynnodd Dafydd ar ei daith, ac wedi cerdded drwy'r dydd, daeth i'r fan lle'r oedd y ddwy fyddin yn wynebu ei gilydd. Safai byddin yr Israeliaid ar fryn; gyferbyn â nhw, ar fryn arall, safai byddin y Ffilistiaid.

Yn y canol rhwng y ddwy fyddin roedd tir gwastad.

Daeth Dafydd o hyd i'w frodyr yn fuan iawn, a theimlai'n hapus o wybod fod y ddau yn ddiogel ac yn iach. Ond er eu bod yn iach, yr oedd golwg drist arnyn nhw.

Pan ofynnodd Dafydd iddyn nhw beth oedd yn eu blino, dywedodd un ohonyn nhw wrtho,

'Rwy'n ofni ei bod ar ben arnon ni.'

'Pam? Ydy'r rhyfel yn mynd yn eich erbyn?' gofynnodd Dafydd.

'Wel, mae gennym gystal byddin â'r Ffilistiaid, ond mae ganddyn nhw, un dyn mawr cryf yn ymladd drostyn nhw, sy'n gryfach na neb ym myddin Israel. Goliath yw ei enw, a bob bore a bob nos bydd yn dod i lawr i'r tir gwastad fanco, ac yn herio ein milwr dewra ni i ddod i lawr ato i ymladd ag e.'

'A phwy sy'n barod i fynd allan i gwrdd ag e?' gofynnodd Dafydd.

'Neb. Mae Goliath yn rhy gryf. Mae ganddo darian mor fawr fel na allai'r milwr cryfa yn Israel ei chodi o'r llawr, ac ni allai dau ddyn cryf drin y cleddyf sy ganddo fe.'

'Mi a' i allan i gwrdd ag e,' meddai Dafydd.

'Ti! Mae gennym ddigon o filwyr cryfach na thi ym myddin Israel ac maen nhw i gyd wedi gwrthod. Fe fyddai'r cawr yn dy ladd di ag un ergyd.'

'Fe fydd Duw gyda mi,' meddai Dafydd.

Ar ôl gweld bod Dafydd yn benderfynol o fynd, aeth ei frodyr at y brenin a dweud wrtho fod eu brawd yn bwriadu ymladd â'r cawr. Ond pan welodd y brenin Dafydd dywedodd ar unwaith,

'Dwyt ti'n ddim ond bachgen. Chei di ddim mynd allan i gwrdd ag e.'

Y foment honno clywsant sŵn gweiddi yn y pellter. Edrychodd Dafydd a gwelodd y dyn mwyaf a welodd erioed yn dod i lawr o ben y bryn. Disgleiriai'r haul ar ei darian fawr ac ar ei gleddyf gloyw.

Heb ddweud yr un gair wrth neb, aeth Dafydd allan i'w gyfarfod, heb ddim yn ei law ond ffon dafl a phump neu chwech o gerrig llyfn o'r afon. Gwaeddodd ei frodyr arno, ond wrandawodd e ddim.

Edrychodd y cawr mewn syndod ar y bachgen oedd yn dod i'w gyfarfod. Yna chwarddodd yn uchel, a gwaeddodd,

'Filwyr Israel, pam yr anfonwch y bachgen yma i gwrdd â mi? Ydych chi'n rhy llwfr i ddod eich hunain?'

Ni ddywedodd Dafydd yr un gair, ond drwy'r amser roedd yn gweddïo'n ddistaw ar Dduw.

Yna tynnodd un o'r cerrig llyfn o'i boced. Gosododd hi'n ofalus yn y ffon dafl. Cododd ei fraich a thaflu â'i holl nerth. Aeth y garreg yn syth drwy'r awyr at y cawr a'i daro yn union yn ei dalcen. Yna, er syndod i'r ddwy fyddin oedd yn gwylio, syrthiodd y cawr yn araf i'r llawr. Rhoddodd un ochenaid fawr, yna gorweddodd heb symud ar y borfa. Yn ei ymyl gorweddai'r darian fawr, a'r cleddyf na allai dau ddyn ei godi.

Bu distawrwydd am dipyn. Ni allai byddin y Ffilistiaid gredu bod y cawr wedi ei drechu, ac ni allai byddin Israel gredu bod bachgen o fugail wedi curo dyn mor fawr.

Yna cododd bloedd fawr o lawenydd o'r bryn lle'r oedd byddin Israel. Rhuthrodd y fyddin tua'r bryn lle'r oedd y Ffilistiaid a bu ymladd chwerw.

Ond teimlai'r Ffilistiaid yn wangalon iawn ar ôl colli Goliath, a chyn bo hir roedden nhw'n cilio.

Rhedodd milwyr Israel ar eu hôl gan ladd llawer ohonyn nhw. Ar ôl hynny daeth heddwch i'r wlad unwaith eto, ond nid anghofiodd brenin Israel am yr hyn a wnaeth Dafydd. Yn fuan ar ôl hynny cafodd y bugail ifanc ei wneud yn un o benaethiaid y fyddin a chyn bo hir daeth yn ddyn enwog a phwysig iawn yn y wlad.

ŶCH CHI'N COFIO?

1. Am bwy roedd Dafydd yn meddwl wrth fugeilio'r defaid?
2. Pam roedd tad Dafydd yn gofidio am ei ddau fab oedd yn y rhyfel?
3. Beth oedd rhwng y ddwy fyddin?
4. Beth oedd gan Dafydd yn ei law pan aeth i gwrdd â'r cawr?
5. Sut y teimlai byddin Israel ar ôl i'r cawr gael ei ladd?

Y CRWTH RHYFEDD

Gwas ffarm oedd Hans. Un diwrnod dywedodd wrth ei feistr, 'Fe fûm yn was i ti am bedair blynedd; yn awr dyro i mi'r gyflog sy'n ddyledus i mi am fy ngwaith.'

'Beth sy', Hans?' gofynnodd ei feistr. 'Dwyt ti ddim yn meddwl ymadael â mi, wyt ti?'

'Ydw,' meddai Hans, 'rwy'n bwriadu mynd allan i'r byd i wneud fy ffortiwn.'

'Wel, os wyt ti'n siŵr dy fod am fynd,' meddai'r ffermwr, 'dyma bunt i ti.'

'Punt! Ond dyw punt ddim yn ddigon o dâl am bedair blynedd o waith!'

'Mae punt yn arian mawr i fachgen ifanc fel ti. Ond gan dy fod yn fachgen da, a chan i ti weithio'n galed yn ystod y pedair blynedd a aeth heibio, dyma ddwy bunt i ti.'

Diolchodd Hans i'w feistr ac ymaith ag e i weld y byd.

Nid oedd wedi mynd ymhell iawn pan gyfarfu â hen grwydryn carpiog.

'Dydd da,' meddai Hans yn serchog.

'Dydd da, yn wir!' meddai'r hen grwydryn. 'Beth sy'n dda ynddo?'

'Mae'r haul yn disgleirio a'r adar yn canu . . .' meddai Hans.

'Twt!' meddai'r hen grwydryn. 'Pa les yw hynny i mi? Does gen i ddim dimai goch i brynu bwyd, a dyma tithau'n sôn am yr haul yn disgleirio a'r adar yn canu!'

Sylwodd Hans fod gan yr hen grwydryn grwth bychan yn ei law a bwa saeth ar ei gefn.

'Mae'n ddrwg gen i glywed dy fod mor dlawd,' meddai wrth yr hen ŵr. 'Fe roddaf i bunt i ti am y crwth a'r bwa a'r saethau.'

Daeth gwên i wyneb yr hen grwydryn.

'Wnei di, wir? Rwyt ti'n garedig iawn, ŵr ifanc. Dyma nhw i ti.'

Rhoddodd yr hen ŵr y crwth, y bwa a'r saethau i Hans.

'Wyt ti'n siŵr dy fod yn fodlon eu gwerthu i mi?' gofynnodd y bachgen.

'Yn eitha bodlon. Fe alla i wneud crwth a

bwa newydd i mi fy hunan yn ddigon hawdd,'
meddai'r crwydryn.

Rhoddodd Hans y bunt iddo ac aeth ymlaen
ar ei daith.

Ymhen tipyn daeth Hans at goedwig fawr a
gwelodd ŵr bonheddig mewn dillad costus yn
dod i'w gyfarfod.

'Dydd da, ŵr ifanc,' meddai'r gŵr bon-
heddig, 'rwy'n gweld fod gennyt ti fwa a
saethau; a fyddi di cystal â saethu'r afal coch
yna sydd ar y goeden afalau yma uwch fy
mhen?'

Edrychodd Hans a gwelodd goeden afalau
fawr yn tyfu yng nghanol y goedwig, ac ar y
brigyn uchaf gwelodd un afal coch, mawr.

'Beth roi di i mi am saethu'r afal coch?'
gofynnodd.

'Fe roddaf bum punt i ti,' dywedodd y gŵr
bonheddig.

Anelodd Hans yn ofalus a saethodd yr afal
coch i lawr o ben y goeden.

'Diolch yn fawr i ti,' meddai'r gŵr
bonheddig, gan gydio yn yr afal a cherdded
ymaith.

'Gan bwyll!' gwaeddodd Hans. 'Ble mae'r
pum punt a addewaist ti imi?'

Chwarddodd y gŵr bonheddig yn uchel, ac
i ffwrdd ag ef.

Wedi iddo fynd cydiodd Hans yn ei grwth
newydd a dechrau canu.

Nid oedd wedi bod yn canu'n hir pan welodd y gŵr bonheddig yn dod yn ôl tuag ato.

'Ble y dysgaist ti ganu'r crwth fel yna?' gofynnodd y gŵr bonheddig mewn syndod.

'Ni ddysgais i ganu'r crwth yn unman,' meddai Hans, 'heddiw y cefais i'r crwth yma gan hen grwydryn ar ochr y ffordd.'

Yn sydyn dechreuodd y gŵr bonheddig ddawnsio.

'Pam rwyt ti'n dawnsio?' gofynnodd Hans yn syn.

'Fedra i ddim peidio!' gwaeddodd y gŵr bonheddig. 'Y crwth yna! Paid â chanu rhagor!'

Deallodd Hans yn awr ei fod wedi prynu crwth hud gan yr hen grwydryn, ond yn lle stopio fel y gofynnodd y gŵr bonheddig iddo, fe ddaliodd ati am amser hir ac, wrth gwrs, fe ddaliodd y gŵr bonheddig ati i ddawnsio.

Erbyn hyn rhedai'r chwys dros wyneb y gŵr bonheddig.

'Paid! Paid!' gwaeddodd. 'Fe gei di'r pum punt a addewais i ti!' Ond dal i ganu'r crwth a wnâi Hans.

'Fe gei di hanner canpunt gen i, dim ond i ti addo peidio â chanu rhagor,' meddai'r gŵr bonheddig, a oedd allan o wynt erbyn hyn.

'O'r gorau,' meddai Hans.

Cyn gynted ag y stopiodd ganu'r crwth gorweddodd y gŵr bonheddig ar y borfa, wedi

blino'n lân. Yna tynnodd bwrs o'i boced a'i roi
i Hans. Roedd hanner canpunt ynddo.

Aeth y gŵr bonheddig ymaith ar unwaith
rhag ofn y byddai Hans yn dechrau canu'r
crwth eto.

Ymhen tipyn aeth Hans ar ei ôl i gyfeiriad y
dre.

Ond pan gyrhaeddodd y dre fe gydiodd dau
filwr ynddo a mynd ag e i'r carchar.

Fore trannoeth cafodd fynd o flaen y barnwr
yn y dre.

'Yr wyt ti wedi dwyn hanner canpunt oddi
wrth ŵr bonheddig o'r dref yma ddoe,'
meddai'r barnwr. 'Fe fu'r gŵr bonhedig yn fy
ngweld i neithiwr, dyna pam y cefaist ti dy ddal
a'th roi yn y carchar.'

'Ond mae'r gŵr bonheddig yn dweud
celwydd,' meddai Hans. '*Fe* roddodd yr
hanner canpunt i mi.'

'Rwyt ti'n gwadu felly,' meddai'r barnwr.
'Galwch ar y gŵr bonheddig!'

Aeth milwr i alw ar y gŵr bonheddig a chyn
bo hir daeth i mewn i'r llys.

'Mae'r bachgen yn dweud mai ti roddodd yr
hanner canpunt iddo.'

'Fi'n rhoi hanner canpunt iddo! Mae'n
dweud celwydd, lladrata'r arian wnaeth e!'
gwaeddodd y gŵr bonheddig.

Edrychodd y barnwr ar Hans.

'Na, yn wir,' meddai hwnnw, 'roeddwn i'n canu'r crwth ac roedd yntau'n dawnsio; ac fe roddodd hanner canpunt i mi am stopio canu.' Chwarddodd y gŵr bonheddig yn wawdlyd.

'Peidiwch â gwrando arno! Alla i ddim dawnsio—rwy'n rhy hen.'

'Rwy'n dy gredu di,' meddai'r barnwr, 'rwyt ti'n edrych yn rhy hen i ddawnsio. Felly mae'n rhaid fod y bachgen yn dweud celwydd; mae e wedi lladrata'r arian. Yn awr,' meddai, gan droi at Hans, 'fe gei fynd i'r carchar am bum mlynedd. Oes rhywbeth y caret ti ofyn i mi cyn y bydd y milwyr yn mynd â thi ymaith?'

'Os gwelwch yn dda, syr,' meddai Hans, 'fe garwn i ganu un gân ar fy nghrwth.'

'Na! Na!' gwaeddodd y gŵr bonheddig. 'Peidiwch â gadael iddo ganu'r crwth!'

'Welaf fi ddim o le yn hynny,' atebodd y barnwr, 'Rho gân i ni ar y crwth.'

Cydiodd Hans yn y crwth rhyfedd a dechrau canu. Ar unwaith dechreuodd y milwyr, y gŵr bonheddig a hyd yn oed y barnwr ddawnsio.

Dyn tew iawn oedd y barnwr ond dawnsiai o gwmpas y llys fel hogyn ifanc. Roedd gwên fawr ar ei wyneb.

'Ardderchog!' gwaeddai. 'Miwsig hyfryd iawn! Dawnsiwch!'

Ond cyn bo hir dechreuodd y chwys redeg i lawr dros ei wyneb.

'O! O!' gwaeddodd. 'Paid â chanu rhagor, ŵr ifanc, os gweli di'n dda.'

Stopiodd Hans ganu'r crwth ar unwaith.

Pan gafodd y barnwr ei wynt ato, edrychodd ar y gŵr bonheddig.

'Fe ddwedaist wrthyf funud yn ôl dy fod yn rhy hen i ddawnsio. Ond roeddet ti'n dawnsio cystal â neb pan oedd y crwth yn canu. Mae'n debyg mai ti sydd wedi dweud celwydd wrthyf, ac nid y bachgen yma.'

Ni allai'r hen ŵr bonheddig ddweud dim. Gwgodd y barnwr arno.

'Yn awr fe gei di fynd i'r carchar, ac fe gaiff y bachgen fynd yn rhydd,' meddai.

Ac felly y bu. Fe gafodd yr hen ŵr bonheddig twyllodrus fynd i'r carchar a chafodd Hans fynd ymlaen i weld rhagor o'r byd.

ŶCH CHI'N COFIO?

1. Am faint o flynyddoedd y bu Hans yn was ffarm?
2. Faint o gyflog a roddodd ei feistr iddo?
3. Pam roedd yr hen grwydryn yn teimlo'n drist?
4. Ble gwelodd Hans y gŵr bonheddig?
5. Beth addawodd y gŵr bonheddig iddo am saethu'r afal?

6. Am beth y rhoddodd y gŵr bonheddig hanner canpunt i Hans?
7. Beth ddigwyddodd i Hans wedi iddo gyrraedd y dre?
8. O flaen pwy y cafodd Hans fynd fore trannoeth?
9. Sut y gwyddai'r barnwr fod y gŵr bonheddig wedi dweud celwydd?
10. Pwy gafodd fynd i'r carchar yn y diwedd?